MON AMI PIFFARD

À LA LIBRAIRIE THÉÂTRALE,
12, boulevard St-Martin.

F. BARRIAS, del.
L. DEGHOUY, sculpt.

I — Le Bateau à vapeur.

Le temps était lourd, le ciel devenait sombre et annonçait un orage ; mais les passagers qui se trouvaient sur le bateau à vapeur qui va de Paris à Melun, redoutaient peu la tempête ; un orage n'est point effrayant pour les marins d'eau douce, et l'on n'a pas encore fait naufrage en allant de Paris à Melun.

Un monsieur d'une quarantaine d'années venait de passer dans la salle à manger du bateau.

C'était un homme petit, un peu replet de corps, mais cependant encore assez bien fait de sa personne.

Une figure assez aimable, ronde ; des yeux très-vifs, tantôt malins tantôt curieux, mais le plus habituellement remplis d'un air de satisfaction parfaite, disposaient favorablement en faveur de ce monsieur, qui était revêtu d'un léger paletot-sac en lasting noir, dont les larges poches étaient bourrées d'une infinité de choses ; le reste du costume annonçait un homme aisé.

Un autre personnage était alors assis dans un coin de la salle, et semblait, tout en regardant l'orage qui se formait, se livrer à des réflexions assez tristes que probablement l'état de son âme plutôt que l'état du ciel faisait naître dans son esprit. Ce second individu, dont la mise annonçait aussi un homme du monde, pouvait avoir quelques années de moins que le premier.

Sa personne n'avait rien de remarquable ; il était grand, mince, assez mal bâti ; et ses genoux décrivaient une courbe qui les faisait souvent se rencontrer lorsqu'il marchait.

Il était blond de cheveux, rose de visage, et ses yeux d'un bleu fort clair, mais par trop saillants, étaient d'une dimension fort honnête ; son nez et sa bouche étaient irréprochables ; ses dents étaient un peu jaunes, mais pas une ne manquait à l'appel ; au total ce monsieur pouvait passer pour bien. On était même libre de le trouver joli garçon, mais pour cela il ne fallait pas tenir à une physionomie spirituelle, car la figure de ce monsieur exprimait tout autre chose que de l'esprit.

Cependant en ce moment une altération dans les traits qui ne lui était pas sans doute habituelle, donnait à la figure de ce personnage une expression singulière ; il y avait dans son regard une tristesse qui allait presque jusqu'au désespoir ; il roulait ses yeux à fleur de tête, tantôt regardant le ciel, tantôt regardant à ses pieds ; mais l'air de bêtise naturelle à l'individu, se mêlant toujours à tout cela, empêchait que l'on ne prît trop au sérieux la peine qu'il paraissait alors éprouver.

Celui qui venait de passer dans la salle à manger n'a pas plutôt jeté un coup d'œil sur le personnage occupé à se désespérer dans un coin, que poussant un cri et faisant un bond de surprise, il court à lui en s'écriant :

— Ne me trompé-je pas !... Piffard !... Sigismond Piffard !... un ami... un ami... ici, sur l'eau, avec moi...

C'est charmant cela.

Celui auquel ces paroles venaient d'être adressées, semble tout étourdi par cette brusque apostrophe, on dirait qu'il est contrarié d'être reconnu, et qu'il ne trouve pas la rencontre aussi charmante que son ami veut bien le dire.

Cependant, comme il ne peut nier son identité, ni éviter la reconnaissance, il se soumet à la nécessité en répondant :

— Oui, c'est moi... Bonjour, Pavillon... ça va bien... Merci... et toi ?

M. Pavillon (car nous savons maintenant le nom du petit monsieur à la figure réjouie) court prendre la main de son ami Piffard, et la lui secoue comme s'il eut eu dessein de lui disloquer l'épaule, manière de prouver son amitié que beaucoup de gens croient devoir employer, et dans laquelle ceux qui sont doués d'une certaine force mettent de l'amour-propre à vous faire faire la grimace.

— Ce cher Piffard.... Comme on se rencontre!...

Si je m'attendais à trouver quelqu'un de connaissance sur le bateau à vapeur de Melun, ma foi ce n'était pas toi.

As-tu déjeuné?..... moi, j'ai très-faim..... Tu déjeuneras avec moi...

J'ai emporté des provisions, tu sais que je suis un gaillard de précaution, on vient de me dire qu'on trouvait ici tout ce qu'on voulait..., mais je n'en savais rien... C'est égal, je demanderai un plat... du poisson.

Es-tu comme moi? je ne puis pas être sur l'eau sans avoir envie de manger du poisson...

M. Piffard se mouche, tout en murmurant :

— Moi, je ne tiens pas au poisson..... D'ailleurs je n'ai pas faim.

— Tu n'as pas faim... Bah!... Tu me tiendras compagnie... le grand air fait digérer...

Je me crois sur mer, moi... parole d'honneur, je me crois sur mer... d'autant plus que n'y ayant jamais été, je suis libre de me faire illusion...

Ne pas avoir vu la mer à quarante-cinq ans!... c'est honteux... aussi je n'avouerais pas cela à tout le monde... Je te le dis, à toi, parce que tu es un ami..... Tu as vu la mer, toi, Piffard?...

— Oui.

— Tu as été dessus?

— Oui.

— Bien loin?

— De Boulogne jusqu'en Angleterre...

— Fichtre!... c'est un trajet... As-tu essuyé une tempête?

— Oui..., c'est-à-dire, la mer était grosse... Il y avait du vent beaucoup, et on était terriblement ballotté!

— Tiens... la rivière fait des flots... ceux de la mer sont-ils plus forts que cela?...

— C'est comme si tu comparais une noisette à un melon.

— Ah! mon Dieu!... Quel dommage que le temps soit à l'orage...

Il pleut maintenant, nous aurons de l'eau pendant tout le voyage... cela me contrarie, car j'aime à me promener sur le pont, à considérer le timonier à sa barre, le mécanicien à la chaudière. J'aime à écouter le clapotement de l'eau contre le bâtiment... Tout cela fait battre mon cœur...

Oh! mon cher Piffard, j'étais né marin... j'en suis sûr... et dire que je n'ai pas vu la mer!...

Mais je la verrai, je ferai le voyage du Havre avec madame Pavillon ; il y a bien longtemps que j'ai promis à mon épouse de lui procurer cet agrément... elle qui adore les écrevisses... Mange-t-on beaucoup d'écrevisses au Havre?...

Monsieur Piffard ne répond pas à son ami; il est allé se rasseoir dans un autre coin de la salle, et semble de nouveau absorbé dans de tristes pensées.

Cependant le garçon du restaurant établi dans le bateau s'est empressé d'exécuter les ordres du petit monsieur ; il a dressé une table, il a mis deux couverts, et pendant que monsieur Pavillon sort des poches de son paletot sac la moitié d'une volaille froide, un saucisson et du jambon, le garçon va commander des côtelettes à la minute, qui doivent remplacer le poisson qui manque au restaurant du bateau.

Monsieur Pavillon s'installe à table comme un homme décidé à y bien employer son temps, ce qui ne l'empêche pas de dire à son ami :

— Eh bien, Piffart, voilà un couvert qui t'attend...

Viens donc... Si tu fais des façons, tu as bien tort... Si tu crains que cela ne te fasse mal de manger, c'est différent... Je ne veux pas compromettre ta santé... Je mangerai pour deux...

Dis donc, Piffard, j'ai acheté une maison de campagne.. une autre maison de campagne, car j'en avais déjà une petite... mais j'en ai acheté cette fois une belle... grande... commode..

On ne se moquera plus de mon jardin qui ressemblait un peu à une cour...

J'ai un arpent et demi à présent... hein... dis donc!... un arpent et demi... ça peut s'appeler un jardin... On a de quoi se promener au moins...

J'ai déjà éprouvé avec ma femme qu'après en avoir fait quatre fois le tour... du jardin, pas de ma femme, on était extrêmement fatigué.

Monsieur Piffard continue à ne point répondre, il n'a même pas l'air d'écouter.

Mais il y a des personnes qui ne tiennent pas à ce qu'on leur réponde et qui, lorsqu'on le fait, n'y font aucune attention et vont toujours leur train comme si on ne leur avait rien dit ; c'est une manière de conserver toujours la parole. Monsieur Pavillon était du nombre de ces personnes-là.

Il aimait beaucoup à parler et n'écoutait presque jamais.

Il poursuit donc, tout en faisant disparaître l'aile et la cuisse de la volaille, avec un appétit qui faisait plaisir à voir.

— Oui, mon cher... on a une belle maison de campagne... Je crois que je te l'avais déjà dit... Ma foi, c'est que je le dis à tout le monde... On est si content... quand on est heureux... et je suis excessivement heureux...

C'est grâce à l'héritage de mon oncle que j'ai pu me passer cette envie...

C'est agréable d'hériter... surtout de quelqu'un qu'on n'aimait guère... Et cet oncle-là était si maussade... si méchant même... Il me tapait quand j'étais petit et que je ne savais pas mes versions...

Mais aujourd'hui je lui pardonne tout cela...

Ces côtelettes à la minute me paraissent bien longues à venir...

Décidément tu ne veux rien prendre?... Monsieur Piffard se contente de regarder le ciel, l'eau et la pointe de ses bottes.

— Ce saucisson est délicieux, mon ami, j'ai une foule d'arbres fruitiers... en plein rapport!... J'aurai énormément de fruit... Et des légumes donc!... Oh! le potager est ravissant!... Il y a de tout!... C'est bien agréable lorsqu'on mange des choux... des petits pois, de pouvoir dire... c'est de mon jardin... de mon potager.

Garçon!... Garçon!... et ces côtelettes à la minute. Il faut donc une heure pour les faire?...

— Dans un moment, Monsieur, elles vont bien.

— Ah! c'est heureux que je me sois muni de provisions!... Car quand on a faim, ici on doit se faire beaucoup de mauvais sang...

Je te disais donc, Piffard... que j'ai un potager... ce qui n'empêche pas le jardin d'agrément... avec des arbres rares... des arbres exotiques... Je ne les connais pas encore tous, mais je les étudierai, moi qui aime le jardinage, moi qui passe deux heures devant un poirier rien que pour ôter les vers, les chenilles et les mauvaises feuilles... J'espère que je vais avoir de l'ouvrage...

Sapristi! ces côtelettes à la minute sont bien mal nommées.

Le garçon apporte enfin les côtelettes si longtemps attendues. Monsieur Pavillon en ronge lestement deux ; son appétit commence à se calmer, et c'est alors que levant pour la première fois les yeux sur son ami, il remarque sa tristesse, sa pâleur, et le bouleversement qui règne dans toute sa personne.

Monsieur Pavillon n'était point un homme égoïste et insensible aux peines de ses amis, ce que l'on aurait pu croire d'abord en le voyant déjeuner seul.

Il pose près de son assiette sa fourchette et son couteau, et regardant fixement son ami Piffard, s'écrie :

— Ah ça, mais!... je n'avais pas encore remarqué... Que diable as-tu donc, mon pauvre Piffard, ta figure est toute renversée... Que t'est-il arrivé?

Aurais-tu éprouvé quelques revers de fortune?... Mais tu as de bonnes rentes, toi, et tu ne joues pas à la Bourse, tu es trop sage pour cela...

Piffard fait un signe de tête négatif en murmurant.

— Non... je n'ai rien perdu...

— Mais alors c'est donc un événement dans ta famille... Je ne te demanderai pas des nouvelles de tes enfants, puisque tu n'en as pas, mais ta femme, ta chère Clodora... est-ce qu'elle serait malade ?

En entendant prononcer le nom de sa femme, monsieur Piffard a fait un mouvement brusque qui pouvait passer pour une crispation ; il est quelque temps sans répondre, on croirait qu'il n'a plus de voix et qu'il s'efforce en vain à la chercher dans son gosier.

Cependant après quelques moments passés en grimaces, il murmure d'une voix à peine intelligible :

— Clodora... se porte bien... Du moins quand j'ai quitté Paris... elle n'avait qu'un commencement de rhume de cerveau.

— Eh bien ! alors, ce n'est pas cela qui doit t'inquiéter... un rhume de cerveau... j'en ai deux par mois régulièrement.

Voyons, Piffard, sois donc franc avec un ami...

Rappelle-toi que nous avons été en pension ensemble...

Nous nous disputions toujours, nous nous battions même quelquefois, et c'est de là que date notre amitié.

Puisque ta femme n'est pas malade, que ta fortune n'est pas dérangée... qu'est-ce qui peut donc te causer cette tristesse qui te rend si pâle... car tu es bien pâle, mon cher ami... Je ne suppose pas que ton épouse, ta Clodora t'ait fait... t'ait causé... que tu soupçonnes...

Monsieur Piffard se lève, et, s'avançant comme un furieux sur son ami, s'écrie :

— Clodora est la vertu même, entends-tu, Pavillon, et quiconque oserait se permettre le moindre mot équivoque sur elle... je le briserais comme je brise... cette assiette.

En disant cela Piffard enlevait et jetait à terre l'assiette sur laquelle était la troisième côtelette à la minute que monsieur Pavillon n'avait pas encore mangée.

Celui-ci reste tout stupéfait de l'action que son ami Piffard vient de commettre, et regardant d'un air de regret la côtelette qui est à terre avec les débris de l'assiette brisée, s'écrie :

— Mon bon, mon cher ami, je n'ai pas dit le moindre mal de ton épouse... je n'en ai jamais eu l'intention... C'est une question que je t'adressais comme autre chose... et ce n'était pas une raison pour casser cette assiette... et jeter par terre cette côtelette... Je l'aurais mangée... puisque tu ne manges pas, toi...

C'est égal, je vais finir mon jambon.

Monsieur Piffard s'est calmé, et il se laisse aller sur une chaise qui est devant la table près de son ami... Celui-ci se remet à manger et à parler, deux choses qu'il avait le talent de faire très-bien à la fois.

— Parbleu, mon cher Piffard... je connais trop bien ton intérieur et l'histoire de ton mariage, pour avoir jamais de mauvaises idées sur la vertu de ta femme !...

Je sais que Clodora t'a épousé par amour... C'était une riche veuve... toi, tu avais un joli patrimoine... vous vous conveniez parfaitement.

Ta femme est bien... de beaux yeux noirs... c'est une brune piquante... elle est un peu grasse, mais comme tu es fort maigre, ça rétablit l'équilibre. Je crois qu'elle a trois ans de moins que toi ; mais comme elle est plus belle femme que tu n'es bel homme, elle se conservera fort longtemps. Enfin vous êtes parfaitement unis... vous faites un ménage modèle... de vrais tourtereaux... Il y a cinq ans que vous êtes mariés et vous semblez toujours dans la lune de miel...

C'est fort bien cela... oh ! c'est exemplaire.

Aussi dans le monde, quand on parle d'un bon ménage, c'est toujours vous que l'on cite !...

Une mère dit à sa fille en la mariant :

Puisses-tu être heureuse comme madame Piffard !...

Le beau-père dit à son gendre :

Soyez pour ma fille un second Piffard !...

Ah ! mon ami, c'est beau cela, c'est flatteur d'être ainsi pris pour modèle... Moi, j'aime bien ma femme, je suis très-heureux avec madame Pavillon, mais je crie souvent, elle crie beaucoup. Nous nous disputons à chaque instant !... ce qui n'empêche pas qu'on ne soit très-bien ensemble...

Ce jambon est dur... je suis fâché que tu aies jeté la côtelette à terre.

Monsieur Pavillon avale un grand verre de vin et reprend :

— Je me résume... Garçon !... une demi-tasse... bien chaud...

— Tout de suite, monsieur.

— Vois-tu, Piffard, j'en reviens à mes moutons, tu as quelque chose... tu roules des yeux d'une façon trop effarée pour ne pas avoir quelque chose...

Pourquoi ne pas confier tes chagrins à un ami?...

Parle, cela soulage... j'éprouve cela souvent.

Qu'est-ce que tu as?...

Piffard, après une longue hésitation, relève la tête, et regardant son ami dans le blanc des yeux, murmure d'un air désespéré :

— Je suis perdu !

— Tu es perdu !... s'écrie à son tour monsieur Pavillon, en faisant presque un saut sur sa chaise. Ah ! mon Dieu... mais tu m'effrayes...

Qu'est-ce qu'il y a donc... qu'est-ce que tu as donc fait, malheureux?...

Est-ce que par hasard tu te serais fourré dans quelque complot contre le gouvernement?... Ça m'étonnerait, tu ne t'occupais pas de politique... tu ne lisais jamais les séances des chambres.

Piffard fait un signe de tête négatif.

— Est-ce que tu aurais eu une dispute... un duel?...

Tu auras tué ton adversaire peut-être ? et maintenant il y a des lois très-sévères sur le duel... Ai-je deviné?...

Piffard fait encore signe que non.

— Alors, mon ami, je ne sais plus que penser, que croire... à moins... Est-ce que par hasard tu serais affligé de quelque maladie dangereuse?... Est-ce qu'un médecin aurait eu la bonté de te dire que tu couvais un anévrisme, ou la pierre, ou que tu as une affection de poitrine?... Il y a des médecins qui vous disent cela, en ajoutant charitablement que c'est une maladie incurable, qu'il n'y a rien à y faire et qu'il faut vous attendre à mourir sous peu.

Mais, mon cher ami, ils sont bien peu docteurs ceux qui vous disent cela... (car tu sais que docteur vient du latin *doctor, doctoris*, qui signifie maître, savant, homme qui enseigne aux autres). Je ne crois pas, moi, qu'il y ait pour les habitants de ce monde des maladies incurables...

En nous affligeant d'une foule de maux, je crois que Dieu a mis aussi sur la terre de quoi les guérir tous ; comme chaque poison a son antidote, de même chaque maladie doit avoir son dictame : seulement, où est-il ce dictame, ce remède ? dans le règne végétal, animal, minéral ?... Voilà ce qu'il faudrait trouver, ce qu'il faudrait que l'on se donnât la peine de chercher, et c'est ce que ne font pas ces docteurs, qui se contentent de vous dire : Votre maladie est incurable, préparez-vous à mourir, au lieu de vous répondre :

Il n'y a rien d'impossible à la science et à la nature, espérez toujours.

C'est une consolation, cela calmera votre esprit, et les tourments de l'esprit réagissent toujours sur les infirmités du corps.

Piffard a laissé parler son ami ; mais lorsque celui-ci a fini, il lui répond avec un grand flegme :

— J'ai une bonne poitrine, un excellent estomac, je n'ai jamais été malade, et je n'éprouve pas la moindre altération dans aucune de mes facultés.

— Alors, mon cher ami, reprend monsieur Pavillon en avalant son café et payant le garçon, cela devient de plus en plus énigmatique.

Mais voyons... puisque nous nous trouvons ensemble sur ce bateau, dis-moi au moins ce que tu vas faire à Melun...

Moi, j'y vais régler quelques affaires relatives à ma succession ; mon oncle possédait à Melun une maison que j'ai fait vendre... pour en acheter une fort jolie à Saint-Mandé.

Je t'ai dit que j'avais acheté une nouvelle maison de campagne à Saint-Mandé ?... ah ! oui, je te l'ai dit... elle est fort grande... j'ai revendu ma petite... Tu viendras voir ma nouvelle maison avec ta femme...

Piffard a de nouveau une crispation ; il manque de renverser la table et le couvert; mais cette fois son ami Pavillon n'y fait pas attention, parce que, lorsqu'il est en train de parler de sa nouvelle propriété, il ne voit rien de ce qui se passe autour de lui; il poursuit donc :

— J'aurai une chambre d'amis... deux, trois chambres d'amis même... Oh! c'est très-grand... ma femme aura sa chambre... ma fille la sienne, mon fils la sienne..... la bonne la sienne.... nous aurons chacun la nôtre... Ah! je reviens à ce que je voulais te demander :

Qu'est-ce que tu vas faire à Melun?

— Je n'en sais rien! répond Piffard en poussant un gros soupir.

— Tu n'en sais rien!... s'écrie monsieur Pavillon, qui s'éloigne alors de son ami d'un air inquiet et se dit en lui-même :

Ceci devient trop singulier... il va à Melun... et il ne sait pas pourquoi il y va...

Est-ce que le pauvre Piffard aurait perdu l'esprit... Je sais bien qu'il n'en a jamais eu beaucoup, mais enfin il savait bien ce qu'il voulait faire; et maintenant... diable! cela devient très-inquiétant.

En ce moment le bateau à vapeur s'arrête.

Les passagers étaient arrivés au lieu de leur destination.

II

La famille Pavillon.

Monsieur Pavillon a quitté lestement le bateau, empressé de se retrouver à terre, car tout en affectant un goût prononcé pour l'eau, il avait mal au cœur lorsqu'il restait longtemps dessus; mais il attribuait cela à l'odeur de la vapeur.

Après avoir fait quelques pas, monsieur Pavillon se retourne, pensant voir son ami près de lui; mais il porte en vain ses regards de tous côtés, il n'aperçoit pas Piffard.

— Tiens, c'est singulier... par où donc est-il passé!... se dit monsieur Pavillon en s'arrêtant pour regarder encore autour de lui. Je le croyais près de moi...

Comment, il m'a quitté ainsi... sans rien me dire... pas même adieu!...

De la part d'un ami, je trouve cette façon d'agir peu aimable...

Oh! Piffard a quelque chose certainement... il n'est pas dans son état naturel...

Cela m'inquiète, parce qu'au fond c'est un fort bon enfant... un peu bête... c'est vrai... mais pas méchant...

Oh! incapable de faire du mal à un pierrot...

Cependant il s'est emporté ce matin et il a brisé une assiette... il fallait qu'il fût malade pour faire cela... Par où diable a-t-il donc passé?

Et monsieur Pavillon faisant une grosse voix se met à crier de toutes ses forces :

— Piffard!... Piffard!... oh hé! Piffard!

Mais personne ne répond à sa voix, et las d'appeler en vain, monsieur Pavillon se remet en marche, en se disant :

— Ma foi!... puisqu'il ne veut pas venir avec moi, je le laisse... Je suis venu ici pour terminer mes affaires, je veux repartir après demain matin; je n'ai pas le temps de m'amuser à chercher Piffard... Je suis pressé de retourner dans ma nouvelle propriété... j'ai tant de choses à y faire... quand ce ne serait qu'à nettoyer mes arbres, je suis sûr que j'en aurai pour quinze jours au moins.

Et monsieur Pavillon se rend chez le notaire, chez l'acquéreur de la maison qu'il a vendue, chez toutes les personnes auxquelles il a affaire; et dans le courant de la conversation, il est rare qu'il ne dise pas trois ou quatre fois qu'il vient d'acheter une grande maison de campagne; il est si heureux de pouvoir dire cela, qu'il en devient ridicule et que l'on se moque de lui.

Mais lorsqu'on n'est pas habitué au bonheur, il rend souvent fort bête, bien heureux encore quand il ne fait que cela!

On le voit quelquefois changer les faiblesses en défauts, les défauts en vices, et chasser le naturel, qui alors ne revient pas au galop.

Monsieur Pavillon termine promptement les affaires qui l'appelaient à Melun. Il touche ses fonds et retourne à Paris d'où il doit aller rejoindre sa famille qui est installée à sa campagne.

Pendant le peu de temps qu'il a passé à Meulun, c'est en vain qu'il a essayé de retrouver son ami Piffard, il ne l'a plus rencontré, et la tristesse de son ami, la singularité de ses réponses, de sa conduite avec lui sur le bateau à vapeur, occupent souvent monsieur Pavillon pendant son voyage de Melun à Paris.

Avant de retourner à Saint-Mandé avec monsieur Pavillon, faisons d'abord connaissance avec sa famille.

Monsieur Pavillon, que nous connaissons déjà un peu, est un ancien miroitier.

Il s'était marié jeune, il s'était établi jeune, et son commerce aurait été assez bien pour lui permettre d'y amasser une honnête fortune si l'humeur de sa femme n'y avait pas mis obstacle.

Madame Pavillon est une toute petite femme, maigre, grêle, chétive, mais douée d'une vivacité extrême; avec elle il faut au premier mot, au premier geste, au premier signe, que l'on ait fait ou plutôt deviné ce qu'elle veut; sans cesse allant, venant, remuant, courant, elle est d'une activité effrayante. Elle voudrait pouvoir tout faire dans sa maison, parce qu'elle trouve lents, lâches, paresseux tous ceux qui n'ont pas sa vivacité; enfin c'est de la poudre, du salpêtre sous la forme d'une petite femme assez gentille, très-mignonne, et dont l'abord est assez doux.

Monsieur Pavillon était habitué à l'humeur de sa femme; cependant n'étant pas doué lui-même d'une forte dose de patience, il lui arrivait souvent de s'emporter aussi, et de vouloir surpasser sa femme en vivacité. Mais alors la boutique du miroitier souffrait beaucoup de ces scènes conjugales; dans leurs accès de pétulance, il était rare que monsieur et madame Pavillon ne brisassent pas deux ou trois glaces de prix; leur fortune en souffrait beaucoup.

C'est pourquoi, après avoir amassé quatre mille francs de rente et s'être acheté une toute petite campagne à Vincennes, monsieur Pavillon avait jugé prudent de s'en tenir là et de se retirer du commerce dans lequel d'un jour à l'autre un accès de vivacité de madame Pavillon pouvait lui faire faire des pertes énormes.

Les ci-devant miroitiers sont à la tête de deux enfants, une fille nommée Félicie, qui est parvenue à sa seizième année, qui est blanche, blonde, et assez jolie, mais qui est aussi lente que sa mère est vive et son père pétulant.

Cette différence a fait naître bien des conjectures, bien des cancans parmi les amis et les voisins des miroitiers; le monde est si méchant, et il faut si peu de chose pour éveiller sa médisance!

Il y a ensuite un garçon que l'on a nommé César, qui n'a que huit ans, mais qui en paraît six; il est fort laid de figure, mais sa mère l'appelle l'Amour, parce qu'il a sa vivacité, qu'il saute, bondit, gambade sans cesse, qu'étant tout petit il avait des attaques de nerfs lorsqu'on ne lui donnait pas sur-le-champ ce qu'il demandait et qu'en grandissant il a continué d'être emporté, colère et même rageur.

Une sœur de madame Pavillon, femme sur le retour, qui porte un corset ouaté, un caleçon ouaté, des jupons piqués et une foule d'autres choses pour se donner de la tournure et tous les appas qui lui manquent, vit presque continuellement chez son beau-frère, chez qui elle a voulu payer pension, pour avoir le droit de trouver tout mauvais, de commander, de gronder et d'être enfin une seconde maîtresse de la maison. Cette sœur, qui est veuve depuis l'âge de vingt-deux ans, d'un gros bonhomme qu'elle a, dit-on, fait mourir d'attaque d'apoplexie, en lui reprochant de trop manger, et d'une lésinerie extrême, excepté pour ce qui concerne sa toilette.

N'ayant jamais été jolie, mais en revanche ayant toujours été infiniment coquette, madame Hortensia Laminette se flattait de retrouver bien facilement un second mari et de n'avoir qu'à jeter le mouchoir à l'un de ses soupirants qui viendrait lui offrir son cœur, mais il n'en a pas été ainsi.

Quoique madame Laminette eût soin de faire sonner bien haut qu'elle avait deux mille francs de rente et un superbe trousseau, aucun homme ne s'était présenté pour remplacer le défunt.

Les années étaient venues; Hortensia, déjà laide, avait vu avec douleur son embonpoint disparaître et ses cheveux grisonner ; elle avait remplacé ses formes naturelles par des postiches fort artistement faites, et ses cheveux châtains par un joli tour noir d'ébène ; et malgré cela, madame Laminette était restée veuve.

Mais aussi elle avait soin de répéter sans cesse :

— Ah ! les hommes !... les hommes !... Qu'on est heureuse lorsqu'on n'est plus sous leur domination !... C'est bien assez d'un mari. Il est permis de se laisser attraper une fois, mais non pas deux ; aussi je ne comprends pas comment il y a des veuves qui se remarient.

Mais à part sa ridicule coquetterie et sa lésinerie, madame Laminette ne manquait pas de bon sens, et pour tout ce qui ne lui était pas personnel, elle raisonnait même avec esprit.

Voilà quel était l'intérieur de monsieur Pavillon ; en y ajoutant la domestique Angélique, assez bonne fille, qui n'avait que le défaut de prendre du tabac, ce qui est très-imprudent lorsqu'on fait la cuisine.

En se retirant du commerce, monsieur Pavillon s'étant trouvé maître de son temps, et ayant beaucoup de goût pour la campagne, il avait dit à sa famille :

— Maintenant nous passerons régulièrement sept mois de l'année aux champs, à ma maisonnette de Vincennes.

Je garderai un petit appartement à Paris pour l'hiver, parce que l'hiver j'aime le spectacle, les soirées, les concerts et la partie de bouillotte ; mais dans la belle saison, je serai tout à la verdure... Quand je trouverai une occasion pour aller voir la mer à peu de frais, je serai complètement heureux.

La maison que monsieur Pavillon possédait à Vincennes était fort modeste, si modeste que quelques personnes la prenaient pour une chaumière.

Elle ne se composait que d'un rez-de-chaussée et d'un premier, qui faisait mansarde.

Le rez-de-chaussée, divisé en plusieurs petites pièces, avait cependant permis d'avoir une salle à manger, un salon, une cuisine et une chambre de bonne.

Le premier, coupé en quatre, servait à loger à peu près toute la famille. Seulement lorsque madame Laminette couchait à Vincennes, mademoiselle Félicie lui cédait sa chambre et partageait celle de sa mère.

Un petit jardin était placé derrière la maison. Il était à peine grand comme la moitié de la cour d'une belle maison de Paris ; et cependant, dans ce petit espace, monsieur Pavillon avait entassé des arbres fruitiers les uns sur les autres ; il avait même mis des buissons, des charmilles, fait plusieurs bosquets, des corbeilles de fleurs ; le plus étonnant, c'est que tout cela venait à merveille, que les fleurs étaient belles, les buissons bien verts, le bosquet très-couvert et les arbres chargés de fruits.

Une seule chose avait refusé de pousser dans le petit jardin de la maisonnette, c'était du gazon.

Dans un petit rond de huit pieds de circonférence, et qui était placé devant la fenêtre de la salle à manger, monsieur Pavillon voulait avoir un gazon, parce que cela repose la vue, qu'il y a des pelouses dans tous les grands jardins, et que le soir, par les grandes chaleurs, il pensait qu'il serait agréable de pouvoir se rouler sur le petit rond qu'il avait l'audace de nommer sa pelouse.

Mais en vain avait-il semé à profusion de la graine de gazon anglais et français, l'herbe avait refusé de venir, et le chiendent même ne poussait pas sur la malheureuse pelouse qui semblait frappée de stérilité, bien que la bonne, le jeune César et monsieur Pavillon lui-même l'arrosassent tous les matins et tous les soirs.

Voyant qu'il fallait renoncer à l'espoir de voir pousser le moindre gazon sur sa pelouse, un matin monsieur Pavillon s'était frappé le front, puis comme quelqu'un qui vient d'avoir une subite inspiration, il avait pris son chapeau et s'était mis en route pour Paris, en s'écriant :

— Oh ! fichtre ! nous aurons un gazon... J'en réponds cette fois !... Je vais le chercher.

Je vous certifie qu'il sera d'un beau vert.

Toute la famille s'était regardée avec étonnement, ne concevant pas comment s'y prendrait monsieur Pavillon pour rapporter un gazon tout fait.

Mademoiselle Félicie disait :

— Mon papa va acheter plusieurs pots de chiendent, et c'est cela qu'il va encore essayer de faire prendre sur la pelouse.

— Non, disait le petit César, papa sera allé dans le bois de Vincennes ; là, il empruntera une bêche et il coupera des carrés de gazon qu'il rapportera ici.

— On lui aura parlé de quelque nouvelle graine qui pousse facilement, disait madame Pavillon, et il est allé en chercher.

— Tout cela fera encore de l'argent de dépensé inutilement et mal à propos, disait Hortensia Laminette ; votre pelouse est frappée de stérilité comme Rachel, fille de Laban et femme de Jacob. Et tout ce que l'on sèmera et plantera dessus n'y pourra rien faire venir.

Cependant chacun était bien impatient de voir revenir monsieur Pavillon.

Il revint au bout de quelques heures, il descendait d'une voiture qui le ramenait de Paris. Il portait sous son bras un rouleau très-long et très-gros, et sans s'arrêter dans sa maison, il courut à son jardin, se mit à quatre pattes sur sa pelouse, et défaisant son rouleau, étala sur la terre stérile un fort grand morceau de peluche de soie verte, qu'il coupa en rond, de manière à couvrir exactement sa pelouse.

Puis il appela tout le monde en s'écriant :

— Le voilà, ce gazon que je vous avais promis... le voilà ! il est superbe... il est d'un vert magnifique ! venez l'admirer.

Au premier coup-d'œil la peluche verte simulait parfaitement de l'herbe et chacun poussa un cri de surprise en voyant ce gazon qui avait poussé encore plus vite qu'un champignon. Mais en s'asseyant dessus, en le caressant, on reconnut la fraude.

Cependant, comme à l'œil cela jouait parfaitement la verdure, on fit compliment à monsieur Pavillon sur son procédé, et l'on trouva son idée fort ingénieuse.

— Et c'est d'autant plus gentil, un gazon comme ça dit la domestique, qu'il n'y aura pas besoin de l'arroser... Ah ! Monsieur, vous devriez mettre tout votre jardin en postiche.

— Mais quand il pleuvra, dit madame Laminette, au lieu d'embellir votre pelouse, cela pourra bien la friper.

— Eh bien, ma chère sœur, ce sera très-simple : quand il pleuvra on enlèvera le gazon, et on le rentrera ; c'est très-facile, cela s'enlève comme une nappe.

C'est ainsi que monsieur Pavillon avait tâché d'embellir sa maisonnette, dont il aurait voulu faire une villa. Il aimait le jardinage ; il avait acheté râteau, bêche, pioche, binette, sécateur, brouette, enfin tout ce dont se servent les jardiniers.

Il se levait de bon matin, prenait son sécateur d'une main, sa bêche sous son bras, et allait travailler à son jardin.

Il connaissait tous ses arbres, cela n'était pas difficile dans un si petit espace ; cependant il avait eu le talent d'y faire venir trente arbres fruitiers. Il les visitait, les soignait, les nettoyait tous comme une nourrice fait avec ses enfants.

Dès qu'il apercevait une branche douteuse, il prenait son sécateur et la coupait. Il épluchait soigneusement ses poiriers, ses pommiers, ne laissait pas une mauvaise feuille toucher un fruit, et empêchait ainsi les vers de se mettre dans sa récolte.

Grâce à ces soins, tous ses arbres étaient pleins de sève et de vigueur, et ses fruits venaient à maturité.

Madame Pavillon aimait les fleurs, et elle se chargeait de les soigner, mais lorsqu'une plante ne venait pas assez vite, elle l'arrachait et la remplaçait par une autre. La petite femme voulait de l'activité chez les fleurs comme chez les hommes. Elle en voulait dans tout, et reprochait même à sa bonne d'être lente à dormir.

Au total, personne ne s'ennuyait dans la maisonnette ; les fenêtres donnaient sur la grande route.

Mademoiselle Félicie travaillait contre une croisée, en regardant passer les promeneurs, les voitures et les cavaliers.

Madame Hortensia Laminette s'asseyait à la fenêtre, et tout en tenant à la main un livre dans lequel elle ne lisait pas, elle jetait un coup d'œil en dehors sur tous les militaires qui passaient devant elle, et il y a toujours beaucoup de militaires à Vincennes.

Le petit César polissonnait sur la route, et jouait avec tous les enfants du voisinage.

Madame Pavillon criait après sa bonne, repiquait des marguerites et de la giroflée, et faisait à chaque instant le tour de sa propriété.

M. Pavillon tenait son sécateur et sa bêche, il coupait et labourait, puis restait en admiration devant un tout petit poirier, qui avait cinquante-deux poires parfaitement mûres.

Enfin la bonne tirait de l'eau au puits, qui n'était pas profond, et arrosait tout le jardin, excepté la pelouse en soie verte.

Tous ces gens-là étaient parfaitement heureux, et rien ne les empêchait de l'être comme cela longtemps!... Mais il est souvent aussi difficile de savoir rester heureux que de parvenir à le devenir.

M. Pavillon aimait à recevoir à sa campagne ses connaissances de Paris.

Il ne pouvait pas recevoir beaucoup de personnes à la fois, parce que la salle à manger ne pouvait pas en contenir plus de neuf; on était même alors extrêmement gêné; mais il se dédommageait en invitant plus souvent deux ou trois amis qu'il traitait de son mieux.

Et cependant, en reconnaissance de son bon accueil, de son petit vin dont il versait à profusion, de son dîner qui était bon, et des fruits de son jardin qui étaient délicieux, les amis se permettaient souvent de rire quand Pavillon parlait de sa maison de campagne et de son jardin.

Les uns lui disaient :

— Pavillon, quand donc fais-tu tes vendanges?... feras-tu des confitures cette année avec tes abricots?

Ou bien encore :

— Pavillon, peut-on se promener un de front dans les allées de ton parc?

— As-tu compté combien on mettrait de temps à faire le tour de ton jardin?

— Pourquoi n'y fais-tu pas faire une pièce d'eau?...

— Pavillon, combien ton gazon te coûte-t-il l'aune?

— Qu'est-ce qui t'empêcherait d'avoir un gazon comme cela l'hiver, à Paris, dans ta chambre à coucher?

— Ton jardin est-il une cour, ou est-ce ta cour qui est un jardin?

— Quand il vient six personnes te voir en même temps, où les mets-tu?

Etc. etc. etc...

Et mille autres plaisanteries du même genre.

Pour des amis c'était assez méchant; mais ceux qui nous aiment le plus ont encore du plaisir à se moquer de nous; jugez donc de ce que ce doit être pour les amis qui ne nous aiment pas.

M. Pavillon riait de toutes ces plaisanteries; mais au fond du cœur il en était vexé, humilié, et se disait souvent en soupirant :

— Ah! que je serais heureux si j'avais une belle maison de campagne et un grand jardin!...

Alors je pourrais recevoir beaucoup de monde... Alors on ne se moquerait plus de moi quand je parlerais de ma propriété.

Et madame Hortensia Laminette lui répondait :

— Vous êtes bien bon de vous occuper de ce que disent les autres : est-ce que votre maison n'est pas assez grande pour vous et votre famille?... Est-ce que vous ne vous y plaisez pas?... Est-ce que votre jardin ne vous donne pas assez à faire?...

Enfin est-ce que vous n'êtes pas heureux ici?... Quelle nécessité d'acheter une grande maison?

La belle-sœur raisonnait assez juste quelquefois.

Mais l'héritage de l'oncle était arrivé, et au lieu d'écouter les conseils de madame Laminette, M. Pavillon s'était hâté de vendre sa petite maison de Vincennes, et d'en acheter une fort belle à Saint-Mandé.

III

La maison de campagne de Saint-Mandé.

La nouvelle maison de campagne de monsieur Pavillon est située à Saint-Mandé, elle n'est pas précisément sur la route. Un fort grand jardin la précède.

Il y a un petit bois, un jardin anglais, un potager, un kiosque, et de grandes allées dans lesquelles quatre personnes peuvent marcher de front.

La porte principale donne sur un chemin de traverse qui conduit à la grande route ; une autre porte derrière la maison donne sur le bois.

Une troisième petite porte ouvre du jardin sur un sentier qui mène aussi au bois.

Le jour où il a pris avec sa famille possession de sa nouvelle propriété, monsieur Pavillon était comme un fou; il courait de son potager dans son jardin anglais, entrait dans son kiosque, revenait à sa maison, retournait à son jardin, restait en admiration devant un gros arbre, puis regardait autour de lui avec ravissement, en s'écriant :

— Et dire que tout cela est à moi!... C'est immense... On pourrait bâtir un village dans mon jardin... Et trois portes... trois entrées... c'est extrêmement commode.. on sort d'un côté, on rentre de l'autre, c'est ravissant...

Madame Pavillon ne cessait aussi d'aller de côté et d'autre en disant :

— Ici il faudra des fleurs... là des buissons...

Voilà des légumes qui sont bien mal entretenus... Quel sécheresse, mon Dieu!...

Tout va périr si on n'arrose pas...

Il n'y a pas assez d'arbres par ici... il y en a trop là-bas... Angélique!... venez donc arroser les laitues, elles meurent de soif.

Angélique (c'était la domestique) arrivait avec un arrosoir et cherchant des yeux sa maîtresse, en disant :

— Ou êtes-vous donc, madame?... je ne vous trouve pas!... Mon Dieu, que c'est grand ici!...

— Par ici, Angélique... dans cette allée... Ah! que vous êtes lente!

— Mais, madame, écoutez donc! Il est grand ce jardin-ci... On ne peut pas arriver tout de suite, comme dans l'autre.

— Et vous n'avez apporté qu'un arrosoir... Tenez... voilà qu'il est employé.

Allez vite et apportez deux arrosoirs pleins..

Félicie, César... est-ce que vous ne pourriez pas aussi arroser?

— Avec quoi? dit mademoiselle Félicie, qui aimait autant ne rien faire. Nous n'avons que deux arrosoirs, et Angélique les tient.

— Alors il en faut davantage... Monsieur Pavillon!... monsieur Pavillon... Eh bien! où donc est-il?... où se cache-t-il?

Madame Pavillon courait chercher son mari dans la maison, tandis que celui-ci appelait sa femme d'abord dans le jardin anglais, puis dans le kiosque, puis dans le petit bois.

Après avoir passé cinq minutes à se chercher, les deux époux s'étaient trouvés en face l'un de l'autre au détour d'une allée.

Madame Pavillon était violette d'impatience.

— Où donc vous cachez-vous, monsieur? Voilà une heure que je vous appelle?

— Où te fourres-tu toi-même!... Voilà un temps infini que je te cherche.

— Ce sera amusant, s'il faut passer ainsi son temps à se chercher ici.

— Ma chère amie, c'est là l'avantage d'une grande propriété: on ne se trouve pas tout de suite... On n'est pas sur le dos les uns des autres. C'est bien meilleur genre.

— C'est possible ; mais quand j'appelle, moi, j'aime beaucoup que l'on me réponde.

— Que me voulais-tu, ma chère amie ?

— Monsieur Pavillon, deux arrosoirs ne suffisent pas, quand on a un jardin comme celui-ci.

— C'est juste, ma femme ; demain j'en achèterai deux autres paires..... Six arrosoirs ! Oh ! il faut bien cela !

— Tenez, monsieur, voilà des haricots qui vont mourir, si on ne les mouille pas...

Angélique ! Angélique !... Angél... Ah ! mon Dieu ! Voyez si elle me répondra... Angélique...

— Elle ne t'entend peut-être pas... si elle est au bout du jardin... Attends, je vais te la chercher.

Madame Pavillon, qui est très-impatiente, se remet à appeler sa servante, puis son fils, puis sa fille. Enfin, la domestique débouche d'une allée, portant un arrosoir de chaque main et le front couvert de sueur.

Angélique a l'air de fort mauvaise humeur.

— Angélique... il est bien insupportable d'appeler si longtemps.

— Eh ! madame, quand il faut faire une lieue avec des arrosoirs pleins... Je n'en peux plus... je regrette déjà le petit jardin et la pelouse en peluche verte !

C'était bien moins fatigant.

— Taisez-vous, Angélique ; si mon mari vous entendait, il serait furieux.

La bonne arrosa en bougonnant, et lorsque le soir était venu, madame Pavillon était enrouée, à force d'avoir crié et appelé.

Monsieur Pavillon était extrêmement fatigué, et la domestique avait une courbature.

Puis, au moment d'entrer dans la maison pour se coucher, monsieur Pavillon, s'apercevant qu'il n'a plus de mouchoir, dit à son fils :

— César, va me chercher mon mouchoir.

Je suis certain de l'avoir laissé dans le kiosque, contre le petit bois... tu sais... Va, cours me le chercher. Moi je suis trop las pour bouger.

Mais le petit garçon avait fait la moue et ne bougeait pas non plus. Son père s'impatiente et s'écrie :

— Eh ! bien ! César, est-ce que tu ne m'as pas entendu ?

— Si, mon papa.

— Pourquoi n'obéis-tu pas ?... Tu devrais déjà être revenu...

— Papa... c'est que... le kiosque, c'est si loin... moi j'ai peur d'aller la nuit au bout de ce grand jardin.

— Tu as peur ! l'ai-je bien entendu ? Est-ce que tu ne courais pas tous les soirs sur la pelouse de notre ancienne maison ?

— Ah oui ! mais c'était tout près... du jardin ; on vous entendait parler dans le salon.

— Eh quoi ! César, tu as peur ?... Tu te nommes César, et tu es poltron ? C'est une anomalie. Je t'ai donné exprès ce nom-là pour que tu sois brave.

Ne démentez pas votre nom, mon fils. Allez dans le kiosque, me chercher mon mouchoir.

— Non, je n'irai pas, na.

— Ah ! tu n'iras pas !

Et monsieur Pavillon avait donné deux ou trois coups de pied au derrière de son fils, qui ne voulait pas aller au bout du jardin.

Pendant ce temps-là, madame Pavillon cherchait sa fille dans la maison. Comme il y avait deux étages et beaucoup de pièces à chaque étage, on pouvait se perdre dans ses appartements comme dans son jardin. Cela faisait double agrément.

Mais madame Pavillon, ayant fort peu de patience, et n'ayant trouvé sa fille qu'après l'avoir cherchée dans toutes les pièces de la maison, avait commencé par lui donner un soufflet, parce que mademoiselle Félicie avait eu l'air de rire en retrouvant sa mère.

C'est ainsi que l'on avait inauguré la nouvelle propriété ; ce qui n'avait pas empêché monsieur Pavillon de s'écrier en se couchant :

— Dieu ! que l'on est heureux d'avoir une belle maison de campagne.

Le lendemain, madame Pavillon, étant sortie pour aller reconnaître s'il y avait dans les environs un boucher, un boulanger, et tous les fournisseurs indispensables au besoin de la vie, était revenue par le bois et avait sonné à la porte qui se trouvait derrière la maison.

Les habitants de la grande propriété étaient disséminés de côté et d'autre.

Cependant monsieur Pavillon avait dit à sa fille :

— Il me semble que l'on sonne...

— Vous croyez, papa ?

— Oui, on sonne, Angélique.

— A quelle porte, monsieur ?

— Parbleu, ce doit être à la grande porte principale... Allez donc ; c'est sans doute ma femme, et elle n'aime pas à attendre.

Angélique va à la grande porte de devant, et elle ne trouve personne, par la raison que sa maîtresse sonnait à la porte de derrière. Elle se décide alors à aller voir à l'entrée opposée.

Mais impatiente de sonner en vain depuis quelques minutes, madame Pavillon vient de renoncer à entrer par la porte du bois, et elle va sonner à l'entrée principale.

La domestique a été ouvrir à la porte du bois, et elle ne voit personne.

Cependant on entend carillonner de nouveau, et monsieur Pavillon crie à sa bonne :

— Mais allez donc ouvrir, Angélique... Vous voulez donc que l'on brise nos sonnettes !...

— Mais, monsieur, voilà deux portes que j'ouvre et je ne trouve personne.

— Allez voir à la troisième.

La domestique va voir à la petite porte du jardin qui donne sur le sentier, et elle n'y trouve personne. Elle se décide à retourner voir à la grande entrée ; mais madame Pavillon, furieuse de ce qu'on ne lui ouvre pas, vient d'abandonner ce poste et se dirige alors vers l'entrée du sentier, où elle fait un tintamarre à tout briser.

— Qu'est-ce que cela signifie ? s'écrie monsieur Pavillon, en courant comme un furibond dans son jardin... Est-ce qu'Angélique a juré de ne pas ouvrir aujourd'hui ?

— Eh ! monsieur, je ne fais que cela, moi ; je n'y comprends rien. Si, quand j'arrive à une porte, on court à une autre, ça n'en finira jamais.

— Allons, dit monsieur Pavillon, que trois personnes aillent ouvrir en même temps, chacun à une porte différente.

Je ne vois que ce moyen pour que l'on puisse être introduit chez moi.

Félicie ! César ! allez ouvrir en même temps que votre bonne.

— C'est agréable, dit mademoiselle Félicie, en se décidant avec peine à quitter sa chaise. Il faudra avoir trois portiers ici... Quel genre !

Le petit César ne dit rien mais comme c'est lui qui se trouve ouvrir la bonne porte, c'est-à-dire celle où est sa mère, c'est aussi lui qui reçoit la première bordée de la colère de madame Pavillon.

Elle lui applique une paire de soufflets, en lui disant :

— Voilà pour t'apprendre à me laisser sonner à toutes les portes pendant deux heures.

Le petit garçon s'éloigne en pleurant, en disant que ce n'est pas sa faute. Dans sa mauvaise humeur d'avoir attendu et sonné à toutes les portes, madame Pavillon voulait rosser tout le monde.

Et madame Laminette souriait, en disant d'un air moqueur :

— Tout cela n'arrivait pas quand on n'avait qu'une seule entrée à sa maison.

Monsieur Pavillon avait fait emplette de deux autres paires d'arrosoirs, mais bientôt on lui demanda une de ces pièces portatives avec lesquelles on arrose de très-loin. Cela était indispensable dans un grand jardin. Il voulait tout faire lui-même dans sa propriété. Mais au bout de huit jours il était accablé, éreinté, et les trois quarts de son jardin étaient encore dans un état déplorable, et, de son côté, madame Pavillon ne cessait de s'écrier :

— Ah ! je n'en puis plus... J'ai encore voulu sarcler, planter des fleurs..... faire des bordures à mes corbeilles... mais je ne puis plus me tenir... Si je fais longtemps ce métier-là, j'en mourrai.

— Monsieur, disait la bonne, si vous ne prenez pas un jardinier pour m'aider, moi j'y renonce... C'est un métier de galère que votre jardin... Et je ne parle pas de la maison... des enfilades de chambres à balayer, à frotter... J'en ai un *lombago*.

— Et maman qui a voulu avoir des poules et qui me fait chercher du crottin de cheval sur la route, disait le petit César. Comme c'est amusant !

— Et les fenêtres, qui ne donnent que sur des chemins de traverse où il ne passe personne, murmurait mademoiselle Félicie. Comme c'est gai !

Madame Hortensia Laminette souriait d'un air qui voulait dire :

— C'est bien fait! On n'a pas voulu m'écouter.

Mais tout cela n'empêchait pas monsieur Pavillon d'être ravi, enchanté d'avoir une belle maison de campagne, et de le répéter à qui voulait l'entendre.

V

Les inconvénients de la prospérité.

Reprenons les choses où nous les avons laissées.

M. Pavillon a été de Melun à Paris, et de là il se hâte de retourner à sa campagne de Saint-Mandé.

Il sonne à la porte principale, mais on ne tarde pas à venir lui ouvrir, car pour éviter de nouvelles scènes dans le genre de celles qui ont eu lieu le lendemain de l'arrivée dans la nouvelle maison, on est convenu que l'on ne sonnerait plus qu'à cette porte-là.

M. Pavillon entre chez lui en jetant un coup d'œil d'admiration sur la maison. Son arrivée est saluée par ces mots :

— Mon papa, les poules n'ont point encore pondu.

— Mon ami, si l'on ne met pas trois ou quatre voitures de fumier dans ce jardin, rien ne poussera.

— Monsieur, les petits pois sont séchés, les choux sont tous verreux, les romaines sont montées, et les épinards sont rôtis.

— Mon beau-frère, si vous ne faites pas réparer vos gouttières, vos plombs, je vous préviens que votre maison sera bientôt en fort mauvais état.

— Mon ami, nous avons eu avant-hier à dîner la famille Dupont, et hier les Montrichet, et tous leurs enfants et leurs neveux ; ils sont venus sept ; il me semble que c'est un peu trop sans façon.

C'est alors que levant, pour la première fois, les yeux sur son ami, il remarqua sa tristesse.

M. Pavillon, étourdi par ce déluge de paroles, se jette dans un fauteuil, et s'essuie le front en s'écriant :

— Ah! dame! quand on a une belle maison, les amis viennent nous voir plus souvent, c'est tout naturel ; je sais bien que s'il nous arrivait tous les jours sept ou huit personnes, cela deviendrait un peu coûteux... Mais enfin qu'ont-ils dit de ma propriété?... ils en ont fait des compliments, j'espère !

— Eh ! mon Dieu ! dit madame Laminette, est-ce que le monde ne trouve pas toujours à critiquer ! Les Dupont ont prétendu que c'était dans une position triste, et les Montrichet ont dit que l'on devait y être abîmé de poussière !

M. Pavillon se frappe sur la cuisse avec dépit, en s'écriant :

— Voilà qui est trop fort! dire du mal de cette maison-ci. Mais qu'est-ce qu'ils veulent donc que j'achète alors, un château, une principauté ?... Ils disent cela maintenant, parce qu'ils sont envieux de ma propriété, et voilà tout!

— Et votre voyage, mon ami, a-t-il été heureux?

— Mon voyage, mais oui... A propos, j'ai fait une rencontre sur le bateau à vapeur... Piffard. Vous savez bien, Piffard... mon ami intime, je l'ai trouvé là, mais je ne sais pas ce qu'il avait !

Il était d'une tristesse effrayante... je l'ai cru malade... Je l'ai questionné, il m'a répondu d'une façon incohérente... c'est au point que j'en ai été effrayé... Enfin il m'a dit qu'il était perdu... je l'ai assommé de questions : il a refusé de m'en dire davantage...

Puis en quittant le bateau à vapeur je l'ai perdu de vue, et il m'a été impossible de le retrouver dans Melun.

— C'est assez singulier, dit madame Pavillon ; de notre côté, nous avons reçu la visite de madame Piffard.

— Ah! diable, et vous a-t-elle parlé de son mari?

— Non, nous lui en avons demandé des nouvelles, ignorant que tu l'avais rencontré ; elle s'est bornée à nous dire qu'il était en voyage...

Mais elle paraissait préoccupée... il était facile de voir qu'elle avait quelque chose : n'est-ce pas, Hortense?

— Oh ! certainement, dit madame Laminette, puisque je lui ai demandé si elle avait mal aux nerfs, et elle m'a même répondu assez sèchement qu'elle ne me connaissait pas ce mal-là...

— Je l'avais, par politesse, engagée à dîner, mais heureusement elle a refusé... elle est partie assez brusquement. Ah ! elle nous a demandé si son mari t'avait écrit...

— Voilà qui est fort drôle... et que veut-elle donc qu'il ait à m'écrire...

— Puis en s'en allant elle nous a dit encore :

Si vous recevez des nouvelles de M. Piffard, ayez la complaisance de me le faire savoir. Et je lui ai répondu :

— Il est bien probable, madame, que votre mari vous écrira plutôt qu'à nous.

— Tout cela n'est pas clair!... que diable peut-il être arrivé aux Piffard, à ce ménage de tourtereaux qui depuis cinq ans nageait dans une lune de miel continuelle!... C'est très-singulier, et je voudrais bien découvrir ce mystère, car certainement il y en a un.

Après s'être occupé encore quelque temps de son ami Piffard, M. Pavillon va se reposer avec délices dans sa nouvelle propriété ; il voudrait voir à la fois son bois, son kiosque, son potager ; mais, se sentant très-fatigué, il prend le parti de ne rien voir et de se tenir tranquille. Ce jour-là, heureusement, il ne lui arrive pas d'amis de Paris.

Quelques semaines s'écoulent ; les visites ont été fréquentes ; on a presque tenu table ouverte chez M. Pavillon, ce qui n'amuse pas du tout les dames.

Mais aussi M. Pavillon a pu faire le grand propriétaire, et jouir de sa salle à manger, dans laquelle on peut tenir vingt personnes sans se gêner.

Un matin, cependant, en visitant son cellier, le maître du logis s'aperçoit que son vin diminue rapidement, effet naturel du nombre prodigieux de gens qu'il traite ; puis en fouillant dans son secrétaire, il s'aperçoit aussi que sa caisse se va comme son vin, et il se dit :

— Hum... il faut pourtant s'arrêter, cela deviendrait trop onéreux.

Un dimanche, en visitant sa maison, il découvre mille réparations à faire : le rez-de-chaussée est humide, le papier moisit ; au premier, les plafonds ont des crevasses ; au second, le vent a endommagé la toiture. M. Pavillon fait une légère grimace, puis il va se promener dans son jardin.

La plupart de ses légumes ont séché sur pied, et cependant sa femme lui présente le mémoire du jardinier qui a travaillé chez eux ; les arbres, qui paraissaient couverts de fruits, en perdent tous les jours, parce qu'ils ne sont pas soignés, visités, échenillés.

— Nous avions de si beaux fruits dans la petite maison, mon papa, dit le petit César, pourquoi donc tombent-ils ici ?

— Mon fils, c'est que ces arbres-là ne sont pas nettoyés, taillés comme ceux de notre ancien jardin.

— Et pourquoi n'as-tu pas soin de ceux-ci comme des autres, papa ?

— Pourquoi... Eh parbleu! parce que j'en ai trop maintenant, pour pouvoir les soigner tous.

Quand je n'avais qu'un petit jardin et une trentaine d'arbres, je les connaissais sur le bout de mon doigt.. Je les savais par cœur depuis le haut jusqu'en bas et j'aurais bien défié que sur un seul d'entre eux on trouvât une branche morte. Mais maintenant que j'en ai plus de trois cents, il m'est impossible de les bien connaître!... Je n'ai pas le temps de voir toutes mes richesses, c'est très-fâcheux!

Et M. Pavillon s'en va assez tristement faire un tour dans ses allées en se disant :

— Depuis que j'ai cette grande maison, où je me promettais tant de plaisir, le fait est que moi et ma femme nous nous éreintons, nous nous donnons des courbatures en voulant tout faire, et nous ne prenons jamais un moment de repos, d'agrément.

J'ai un petit bois, je n'ai pas encore eu le temps d'aller m'y promener ; j'ai un kiosque, je ne me suis pas encore assis dedans...

J'ai de superbes arbres, rares, curieux... je ne les connais pas... je ne les vois jamais... D'après cela, quand on a un parc, il est bien probable qu'il y a des endroits de sa propriété où l'on ne va jamais... et quand on a un immense jardin, ce n'est pas pour soi, c'est pour son jardinier, et les personnes qui viennent pour vous voir.

Je commence à trouver que tout cela est fort bête!

Pendant que monsieur Pavillon se livrait à ses réflexions, sa femme lui apporte des mémoires qui viennent d'être envoyés de Paris. Celui du tapissier se monte assez haut, parce qu'il faut nécessairement beaucoup de meubles pour meubler une grande maison. Monsieur Pavillon fait une nouvelle grimace, et sa femme lui dit :

Eh bien! ma chère sœur, ce sera très-simple, quand il pleuvra on enlèvera le gazon.

— Cependant, mon ami, nous n'avons pas encore tout ce qu'il faut ici.

Les appartements du bas et nos chambres du haut sont meublés, mais il n'y a encore rien dans les chambres d'amis ; tu sais bien que nous n'avions pas encore décidé quel genre de meubles nous y mettrions.

— Oh! ma foi, rien ne presse, répond le propriétaire que la vue du mémoire de son tapissier a rendu tout morose.

Les amis!... les amis... au total je ne vois pas pourquoi je les coucherais... C'est bien assez de les nourrir.

Tenez, ma chère amie, je commence à m'apercevoir que ce n'est pas tout profit d'avoir une grande maison. Nous avons un potager... je pensais qu'il nous fournirait des légumes toute l'année, et nous n'en avons tiré encore qu'une ou deux salades bien vertes... et des pois qui auraient pu servir de balles pour des pistolets.

— Mon ami, c'est que nous ne savons pas encore bien soigner tout cela, il nous faudrait un jardinier à l'année.

— A l'année merci !.. ce serait une autre économie !... Enfin il n'y a pas jusqu'à vos poules...

Vous avez voulu avoir des poules, en me disant : — C'est charmant, parce qu'on a des œufs tout frais... c'est fort agréable pour son déjeuner... Comme j'aime assez les œufs à la coque, j'ai dit : Achetons des poules.

Vous en avez eu sept et un coq ; tout cela à trois francs l'un dans l'autre.

— Mon ami, les poules sont hors de prix cette année.

— C'est donc vingt-quatre francs. Plus quarante-cinq francs pour avoir fait faire un poulailler neuf ; l'ancien était en ruine. Plus, pour premiers frais d'avoine... de nourriture, cinq francs, total, soixante-quatorze francs... et jusqu'à présent nous avons eu trois œufs... il me semble qu'ils nous reviennent un peu cher !... à ce prix-là une omelette serait un plat de luxe que les princes seuls pourraient se permettre.

— Mon ami, mais nous aurons d'autres œufs... les poules en feront, il faut leur laisser le temps de s'acclimater.

— Pesto, depuis deux mois bientôt que nous les avons, elles sont longtemps à s'acclimater. Vous avez aussi voulu des lapins, en m'assurant que c'était une économie, parce que cela mangeait tous les restants... ce qui était assez inutile puisque, grâce aux nombreuses visites que nous recevons, nous n'avons jamais rien de reste.

Enfin, ma bonne amie, dites-moi du moins si nous avons réussi de ce côté, car depuis que je possède tant choses, je n'ai plus le temps de rien voir, et je n'ai pas été rendre visite aux lapins.

Madame Pavillon fait un geste d'impatience, en s'écriant :

— Eh mon Dieu ! si vous n'étiez pas si long à parler, je vous aurais déjà appris ce qui est arrivé aux lapins. Mais quand vous vous mettez à narrer, vous allez... vous allez... vous n'en finissez pas.

— Enfin, madame, ces lapins ?...

— Eh bien ! monsieur, il paraît que leur tonneau avait un trou en dessous... et qu'ils en ont fait un... Mais ce qu'il y a de certain, c'est que ce matin, au lieu de douze, je n'en ai plus trouvé qu'un... Les autres se seront sauvés.

— C'est gentil !... c'est agréable !... onze lapins de perdus.

— On les retrouvera, monsieur. Le jardin est clos de murs partout ; ils ne peuvent être sortis de notre propriété. On leur donnera la chasse. Vous achèterez un chien.

— Ah ! oui, une chasse dans le jardin... il ne manquerait plus que cela...

En ce moment le bruit de la sonnette se fait entendre à la grande porte, puis à la porte du bois, puis à celle du sentier.

— Ah ! mon Dieu ! qu'est-ce que c'est que cela ? s'écrie madame Pavillon ; on vient chez nous par tous les côtés.

— On dirait qu'on a voulu nous cerner. Allons, Félicie, César, Angélique, allez voir... allez.

La domestique revient bientôt dire :

— C'est monsieur Bouillot, ce gros ventre, qui ne met jamais d'eau dans son vin quand il dîne chez les autres, et qui boit de l'abondance chez lui... Il vient passer la journée.

— Il est fort ennuyeux, ce Bouillot... Mais heureusement il est seul, et...

Mademoiselle Félicie, qui vient d'ouvrir à une autre entrée, arrive alors et dit :

— C'est monsieur et madame Filasson...

A peine arrivés, ils se sont déjà plaints de la poussière et du vent, et madame Filasson m'a demandé jusqu'à quelle heure il y avait des voitures pour revenir le soir.

— Ce qui veut dire qu'ils vont rester toute la journée... C'est amusant... Madame Filasson, qui ne vient chez moi que pour critiquer ma maison, mon jardin et le pays... Mais, sapristi, pourquoi y vient-elle alors ?

— Oui... et des gens qui, en arrivant, commencent par vous demander comment ils pourront s'en aller... qui ne songent, ne s'occupent que de leur départ... On serait tenté de leur dire :

Allez-vous-en tout de suite ; vous serez plus sûr de ne pas vous attarder...

Enfin... c'est trois personnes... Si tu pouvais leur avoir un dindon...

En ce moment, le petit César, qui a été ouvrir du côté du sentier, accourt en s'écriant :

— Voilà toute la famille Montrichet... Ils reviennent tous les sept, comme l'autre fois, parce qu'ils disent que c'est ce soir la fête à Vincennes, et qu'après dîner ils seront tous portés pour y aller.

Monsieur Pavillon se jette avec désespoir sur son véritable gazon, en s'écriant :

— Pour le coup, c'est trop fort !... Sept personnes en paquet, et qui viennent dîner chez moi, pour s'en aller bien vite après dîner voir la fête du village voisin... C'est à en pleurer.

— Cela fait dix personnes qui nous arrivent, dit madame Pavillon... Certainement un dindon ne leur suffira pas... Je tuerai le lapin qui est resté.

— Tuez aussi toutes les poules, si vous voulez, madame... Ah ! vraiment je suis d'une humeur. Moi qui espérais passer tranquillement ma journée à nettoyer mes arbres...

Décidément je commence à m'apercevoir que ce n'est pas tout plaisir d'avoir une belle maison de campagne.

Cependant toute la société est arrivée.

Madame Filasson est une petite maîtresse de quarante-cinq ans, que tout incommode, qui se plaint sans cesse de la poussière, du vent ou de l'humidité.

Monsieur Filasson, qui est un petit garçon près de sa femme, n'est occupé qu'à l'écouter, à lui essuyer le visage ou à fermer les portes, pour qu'elle n'ait pas de courant d'air.

Monsieur Bouillot est une espèce de brute, qui ne se déride qu'à table, lorsque le dîner est à son goût.

Les Montrichet se composent d'un père qui fait le farceur ; d'une épouse qui singe le mari et rit de tout ce qu'il dit, avant même qu'il ait achevé ses phrases ; d'une vieille tante, qui ressemble à un manche à balai, et qui est toujours mise comme si elle était la domestique de la famille ; puis, enfin, de quatre petits garçons de huit à quinze ans, deux fils et deux neveux, qui sont sans cesse en mouvement, courent dans le jardin, marchent dans les plates-bandes, cassent toutes les branches et mangent tous les fruits qui sont à leur portée.

Cette aimable compagnie débouche par trois côtés, et la famille Pavillon est obligée de composer son visage et de se donner des airs aimables pour recevoir tout ce monde, qu'elle voudrait voir à tous les diables.

— Bonjour, madame Pavillon.

— Bonjour, chers amis, nous venons dîner sans façon...

— C'est comme nous. Nous nous sommes dit ce matin : Qu'est-ce que nous ferons aujourd'hui dimanche... nous ne savons que devenir, nous allons nous embêter beaucoup.

Ma foi, allons chez Pavillon...

Il a une belle maison, un grand jardin.

Nous ferons des folies chez lui... nous mettrons tout sens dessus dessous... Eh ! eh !...

— C'est bien aimable de votre part... Vous nous faites bien plaisir.

— Pavillon, j'ai bien chaud... je voudrais bien me rafraîchir...

— Et moi aussi... A la campagne j'ai toujours soif.

— On va vous servir... Angélique apportez des verres.

— Monsieur Pavillon, dit madame Filasson en se pinçant à la fois le nez et la bouche, trouve-t-on facilement des voitures pour s'en aller le soir d'ici ?

— Mais oui, madame.

— Si nous faisions retenir d'avance des places, ce serait plus prudent peut-être... Monsieur Filasson, vous devriez vous informer.

— Je vais y aller, chère amie.

— A quelle heure dîne-t-on chez toi, Pavillon ? demande monsieur Montrichet.

— Mais... à cinq heures et demie...

— Diable ! c'est bien tard... C'est que nous avions envie d'aller, après le dîner, voir la fête à Vincennes... Tu devrais nous faire dîner plus tôt... ça serait plus commode.

— Ah! mon Dieu, dit la domestique, tout en retournant à sa cuisine, si je connaissais une herbe pour purger tous ces gens-là, comme je les en régalerais.

Ils s'en souviendraient de notre campagne; je leur ôterais l'envie d'y revenir.

Monsieur Pavillon fait de son mieux pour dissimuler sa mauvaise humeur; mais il n'est pas content du tout, surtout lorsque les jeunes Montrichet cassent ses branches, marchent sur ses légumes et mangent ses fruits.

— Bah! bah! dit monsieur Montrichet le père, à chaque espièglerie des petits garçons; il faut que les enfants s'amusent.

Et puis d'ailleurs, tu as tant de fruit ici..... il t'en restera toujours assez.

— Oui, il est certain que j'ai une belle propriété, dit monsieur Pavillon en se rengorgeant.

— Par exemple, je ne l'aurais pas achetée dans ce pays, dit madame Filasson.

Je le trouve affreux... on y est abîmé de poussière.

— C'est vrai, dit madame Montrichet; il y a de si jolies campagnes aux bords de l'eau.. Ah! l'eau! Parlez-moi de cela... C'est tout vilain monde par ici.

Monsieur Pavillon se mord les lèvres en répondant :

— Mais, madame, je ne suis pas de votre avis.

Et madame Laminette dit bas à sa nièce :

— Il est certain que quand ils y viennent, ici, il y a de fort vilain monde.

— Pavillon, dit monsieur Bouillot, pourquoi donc n'as-tu pas ici un labyrinthe... là-bas un tapis de verdure?

Moi, si j'avais ce jardin-ci, je l'arrangerais tout autrement.

— Il est certain, dit monsieur Montrichet, qu'il n'est pas bien dessiné du tout...

On pourrait en faire quelque chose, mais il faudrait tout bouleverser.

— Il me semble que tes fils et tes neveux s'y exercent en ce moment, répond monsieur Pavillon avec un rire forcé.

— Quels aimables convives! dit tout bas madame Laminette; comme ils sont polis!

Donnez-vous donc bien du mal pour traiter ces gens-là.

Monsieur Pavillon fait son possible pour amuser la société jusqu'au moment du dîner; mais à chaque instant les Montrichet s'écrient :

— Est-ce qu'on ne dîne pas ici?... Nous avons faim... C'est ennuyeux de dîner si tard.

Et madame Filasson accompagne ces refrains, en disant de son côté :

— S'il n'y avait pas de places dans les voitures... Je suis bien inquiète pour savoir comment nous nous en irons.

Enfin, Angélique annonce que le dîner est servi. On se met à table. Monsieur Bouillot fait la grimace en buvant le vin qu'on lui sert, et s'écrie :

— Qu'est-ce que c'est que cela... du piqueton !...

— Mais non, dit monsieur Pavillon; c'est un petit vin des environs.

— Il est diablement revêche... Quel casse-poitrine !

Cette remarque n'empêche pas monsieur Bouillot de boire beaucoup, probablement pour prouver que sa poitrine est de force à tout supporter.

Madame Pavillon a mis en gibelotte le lapin qui a eu la complaisance de ne point déserter avec ses camarades.

— Voilà un lapin qui sent terriblement le chou! dit madame Filasson en goûtant de la gibelotte.

— Il me revient cependant à douze francs, dit monsieur Pavillon en poussant un soupir.

— A douze francs... c'est une plaisanterie.

— Non; les œufs et les lapins coûtent horriblement cher dans ce pays.

— Allons, allons, dit monsieur Montrichet, nous avons pris aujourd'hui nos amis Pavillon à l'improviste; mais ils nous traiteront mieux une autre fois.

Ce compliment a clos le dîner. A peine ont-ils mangé le dessert, que les Montrichet s'en vont à Vincennes.

Monsieur et madame Filasson vont sur la route guetter une voiture. Monsieur Bouillot s'éloigne en disant à ses hôtes :

— C'est une mauvaise économie que d'acheter du petit vin... C'est moins cher, c'est vrai; mais on en boit plus et ça fait mal.

Lorsque la société est partie, monsieur Pavillon s'écrie :

— Maintenant, qu'il vienne du monde nous voir... N'importe à quelle porte on sonnera le dimanche, je ne veux plus qu'on ouvre; et dans la semaine, j'aurai soin de prévenir que nous dînons toujours en ville.

VI

La chambre d'amis.

Quelque temps après ce dimanche, M. Pavillon était allé se promener seul à Vincennes. Involontairement, il avait porté ses pas du côté de son ancienne petite maison qui donnait sur la route, et arrivé devant cette modeste habitation, il s'était arrêté pour la contempler, puis les réflexions étaient arrivées en foule, et il se disait :

— En effet, cette maison était bien petite... mais je m'y suis beaucoup amusé... mon jardin n'était pas plus grand qu'une cour, mais je ne me donnais pas des courbatures pour l'arroser.

Je n'avais qu'une trentaine d'arbres, mais je les connaissais tous comme d'anciens amis; enfin ma pelouse était en peluche... mais cela ne me coûtait pas des journées de jardinier pour l'entretenir!... Il est donc bien vrai que lorsqu'on a assez pour être heureux, c'est une sottise de désirer davantage!

Je commence à penser que je n'irai pas voir la mer, cela me jouerait aussi quelque mauvais tour!

Après s'être dit tout cela, M. Pavillon va, quoiqu'à regret, s'éloigner de son ancienne maison, lorsqu'en se retournant il se cogne contre un individu qui passait près de lui; les deux hommes se regardent, et s'écrient en même temps :

— Piffard!

— Pavillon!...

— Que fais-tu à Vincennes?

— Je me promène... et toi?

— Moi? je me promenais aussi... c'est-à-dire je regardais ma ci-devant maison...

— Ah! c'est vrai; maintenant tu en possèdes une grande, une superbe... tu m'as dit cela sur le bateau à vapeur, je m'en souviens... tu étais dans l'enchantement!

M. Pavillon pousse un soupir et reprend :

— A propos de bateau à vapeur, je n'ai jamais pu te retrouver à Melun, toi...

Eh bien, voyons, Piffard, es-tu encore désolé, désespéré comme l'autre fois?...

Sais-tu que tu m'avais inquiété... Que diable avais-tu donc ce jour-là?... tu étais malade, n'est-ce pas ?

Piffard secoue tristement la tête en baissant les yeux, et ne prononce pas un mot.

— Il me paraît que ce n'est pas fini... que tu as toujours des chagrins, reprend monsieur Pavillon en tendant la main à son ami.

— Oui!... répond enfin Piffard en poussant un profond soupir.

— Est-ce que tu ne me conteras pas cela, à moi, ton ancien ami ?

— Je n'oserai jamais.

— Tu es donc un bien grand coupable?...

A propos, ta femme, qui est venue une fois voir la mienne, lui a dit que tu étais en voyage.

— Ma femme! s'écrie monsieur Piffard qui devient alors tout bouleversé. Ah! vous avez vu ma femme?...

— Sans doute... tu ne le savais donc pas?... Elle ne te l'avait pas dit?

— Non... je... c'est que... tu ne sais pas?... j'ai quitté ma femme.

— Pour aller à Melun! je le pense bien; mais maintenant?

— Maintenant je ne suis par retourné près de ma femme, et je n'y retournerai pas.

Monsieur Pavillon est tout saisi de ce qu'il entend, il regarde fixement son ami Piffard, puis s'écrie enfin :

— Mais je n'en reviens pas, moi... tu as quitté ta femme, toi, Piffard... le modèle des époux! mais que t'a-t-elle donc fait?...

— Rien...

— Alors qu'est-ce qui t'a donc pris à toi, car enfin on ne quitte pas sa femme sans de très-fortes raisons... surtout à nos âges... nous ne sommes plus des papillons !

— Ma femme ne vous a donc rien dit à mon sujet?

— Je ne l'ai pas vue, moi; mais elle a seulement dit à mon épouse que tu étais en voyage... et puis elle lui a demandé si tu m'avais écrit.

— Voilà tout?

— Sans doute.

Piffard semble réfléchir quelques instants, puis il dit à son ami :

— Pavillon, je me rappelle que tu m'as dit avoir dans ta nouvelle propriété des chambres pour tes amis.

Pavillon se gratte l'oreille, et répond en hésitant :

— Oui... oui, en effet... j'ai des chambres... c'est-à-dire, elles ne sont pas encore meublées, j'ai eu tant de dépense à faire!...

— Eh bien, mon ami, je vais t'accompagner pour rendre visite à ta nouvelle propriété dont tu es si content.

Tu me donneras une chambre, je passerai quelque temps avec toi, peut-être tout le restant de la saison... Car ne voulant pas retourner avec ma femme, j'avoue qu'en revenant à Paris, je ne saurais trop où aller. Je suis bien aise de t'avoir rencontré, je serai très-bien chez toi.

M. Pavillon n'est pas extrêmement satisfait de la proposition que son ami vient de lui faire; cependant Piffard est son ancien camarade de pension, il ne peut pas refuser de le recevoir.

Et puis en le gardant quelque temps avec lui, il espère l'amener à lui faire enfin confidence du motif qui lui fait quitter sa femme, et sa curiosité était tellement excitée, qu'il n'est point de sacrifices auxquels il ne se résigne pour la satisfaire.

— Allons, mon cher ami, dit monsieur Pavillon, viens avec moi... Je suis enchanté que tu me fasses le plaisir de me donner quelques jours... mais, par exemple, j'espère bien qu'il n'auras pas de secrets pour ton hôte et que tu m'apprendras enfin pourquoi tu te sépares de ta femme.

— Peut-être! murmure Piffard en prenant le bras de son ami.

Les deux amis se mettent en route et arrivent bientôt à Saint-Mandé. Monsieur Pavillon présente Piffard à sa femme, en lui disant :

— Voilà un voyageur que je viens de rencontrer à Vincennes.

— Eh! c'est monsieur Piffard.

— Oui, c'est Piffard qui... qui veut bien passer ici quelques jours avec nous.

— Quelques jours! murmure madame Pavillon en lançant des regards flamboyants à son mari.

— Quelques jours! dit madame Laminette à Félicie. Bon! il amène du monde coucher à présent, il ne manquait plus que cela.

— V'là la maison qui devient tout à fait une auberge, dit la domestique.

Mais Pavillon se penche vers l'oreille de sa femme et lui dit tout bas :

— Il n'est plus avec son épouse... il y a un grand secret... il nous le dira.

Madame Pavillon se hâte de communiquer à sa sœur la confidence qu'elle vient d'entendre; celle-ci la communique à sa nièce qui la redit à Angélique, et tout le monde se dit :

— Voilà qui est bien extraordinaire! et on lance sur l'ami Piffard des regards remplis de curiosité.

M. Pavillon emmène son ami voir son jardin, ensuite il lui fait visiter sa maison depuis le bas jusqu'en haut, ne lui épargnant pas un cabinet, pas une armoire. Ce sont de ces plaisirs de propriétaire qu'on ne manque jamais de se donner, et il est d'autant plus naturel de les saisir quand ils se présentent, qu'ils reviennent fort cher à ceux qui se les donnent.

En parcourant plusieurs pièces où il n'y a que les quatre murs et d'assez joli papier, monsieur Pavillon dit :

— Voilà les chambres d'amis... tu vois que j'ai de la place pour te loger.

Piffard regarde autour de lui et murmure :

— Ah! ce sont là les chambres d'amis... mais alors... est-ce que tes amis couchent par terre?... je ne vois pas même une chaise pour s'asseoir.

— Elles ne sont pas encore meublées tout à fait, c'est vrai...

— Je le crois bien, il n'y a rien...

— Si, en voilà une qui a un porte-manteau...

— Est-ce que tu veux que tes amis se suspendent après un porte-manteau pour dormir !

— Eh non, non, sois tranquille. Nous te trouverons une pièce bien meublée... oh! tu ne manqueras de rien... on a tout ce qu'il faut chez moi.

L'heure du dîner est arrivée. Piffard se met à table avec la famille Pavillon; il est toujours taciturne, mais il mange et boit beaucoup.

Pavillon ne peut s'empêcher de lui dire :

— Il me paraît cependant que cela va mieux que quand je t'ai rencontré sur le bateau à vapeur.

— Comment mieux? demande Piffard en portant un énorme morceau de viande à sa bouche ; qu'est-ce que tu veux dire?

— Je veux dire que tu as moins de chagrin.

— Oh! non... j'en ai encore plus au contraire... je vous demanderai à boire.

— Mais alors ton chagrin ne t'empêche pas, comme sur le bateau à vapeur, de boire et de manger.

— Ah! c'est vrai... l'estomac est fait à tout!... même à la douleur.

— Il paraît que le tien a parfaitement pris son parti.

A propos, ma femme, où coucherons-nous Piffard? nos chambres d'amis là-haut ne sont pas complètement meublées.

— Nous logerons monsieur dans la petite pièce du rez-de-chaussée contre l'écurie, il y a un lit et tout ce qu'il faut.

— Ah! vous avez aussi une écurie! dit Piffard en ouvrant de grands yeux.

— Oui, mon ami, écurie et remise, c'est très-agréable, même quand on n'a ni chevaux ni voitures, parce qu'enfin on peut toujours dire : J'ai écurie et remise; ceux qui entendent cela ne sont pas obligés de savoir qu'il n'y a rien dedans.

Le dîner s'achève. On a essayé de faire parler Piffard, madame Laminette a fort adroitement amené la conversation sur les mauvais ménages, sur les époux qui se séparent, le convive a poussé d'énormes soupirs, mais il n'a pas dit un mot de plus.

On l'a conduit à la chambre qui lui est destinée.

C'est une petite pièce du rez-de-chaussée qui donne sur le jardin, et qui est meublée comme pour un domestique, mais Piffard s'en contente.

Il salue tristement toute la compagnie et se retire chez lui.

Madame Pavillon revient contre la porte pour crier à son hôte :

— Surtout, monsieur Piffard, prenez bien garde au feu!..

Songez que vous êtes contre l'écurie, nous rôtirions tous comme des marrons.

— Soyez tranquille, madame, répond Piffard, je ne conserve jamais de lumière dans la nuit, et je ne lis pas dans mon lit.

— Quel homme singulier! dit madame Pavillon; je le connaissais bête, assurément; mais au moins il parlait, il riait même, et à présent c'est comme une vraie momie.

— Pour que cet homme soit tombé dans cet état de tristesse, il faut qu'il ait fait de bien vilaines choses! dit madame Laminette.

— Ma tante a raison, dit mademoiselle Félicie, certainement c'est extraordinaire.

— Pourquoi donc a-t-il quitté sa femme?

— Ah! oui, pourquoi? Voilà ce qu'il faudrait savoir.

— Il a peut-être commis des crimes, ce monsieur Piffard, avec son air bête... reprend madame Laminette. Il a peut-être tué plusieurs personnes...

— Oh! quelle idée! s'écrie monsieur Pavillon, ce pauvre Piffard, vous voulez que ce soit un grand criminel!

— Enfin, certainement il y a quelque chose... il vous a dit lui-même qu'il était perdu... Ce n'est peut-être pas prudent à nous de le loger.

Monsieur Pavillon essaie de rassurer sa famille, mais lui-même n'a pas l'air d'être parfaitement tranquille. Enfin, chacun va se coucher en pensant à l'ami Piffard.

Il y avait à peu près une heure que l'on était retiré.

La famille Pavillon commençait à goûter les douceurs du sommeil, lorsqu'elle est réveillée par un bruit effrayant.

On entend des cris, on distingue les mots:

— Au secours!... à moi!... Ah! les misérables, ils veulent m'assassiner.

Madame Pavillon réveille son mari, madame Laminette réveille sa nièce, le petit César se met à pleurer, la bonne à crier.

Tout le monde s'habille à peu près, et se réunit en se disant:

— Ah! mon Dieu!

— Entendez-vous ces cris?

— C'est dans la chambre de Piffard.

— On dirait qu'on se bat.

— Est-ce qu'il aurait introduit une bande de voleurs dans la maison?

— Mais non... c'est lui qui appelle au secours.

— Allons, allons, dit monsieur Pavillon en enfonçant son fichu de nuit sur ses oreilles et en tâchant d'avoir l'air brave, il faut voir ce que c'est... il faut aller au secours de Piffard...

Angélique, donnez-moi mes armes... bien vite.

— Quelles armes, monsieur? Je ne vous en connais pas.

— Ce fusil... avec lequel je tire sur les moineaux.

— Il me semblait qu'il ratait toujours.

— C'est égal... donnez-le-moi... et puis, la pincette, la pelle. Vous autres, prenez chacune quelque chose... des balais... des bâtons... César, prends ton petit tambour!...

Faisons beaucoup de bruit... cela effraiera les voleurs.

Les dames ont beaucoup de peine à se décider à s'armer. Cependant madame Pavillon ne veut pas quitter son mari, mademoiselle Félicie ne veut pas quitter sa mère, madame Laminette ne veut pas rester seule; ce qui fait que l'on se décide à aller enfin tous ensemble au secours de Piffard.

Mais dans leur frayeur, ces dames ont pris pour s'armer tout ce qui leur est tombé sous la main. Ainsi, madame Pavillon tient un plumeau, mademoiselle Félicie a saisi son démêloir, la domestique porte une casserole à chaque main.

La brave madame Hortensia Laminette s'est armée de sa seringue, meuble dont elle se sert très-souvent, et qu'elle tient alors la canule en avant, absolument comme un grenadier qui va combattre à la baïonnette.

En approchant de la pièce où couche Piffard, on l'entend de nouveau appeler au secours.

— Faisons du bruit! faisons beaucoup de bruit! dit monsieur Pavillon à sa troupe; puis, faisant sonner son fusil, en le laissant tomber contre la terre, il crie:

— Nous voilà, mon ami; nous voici, Piffard.

N'aie pas peur... n'aie pas peur... nous sommes dix-sept... j'ai des braves avec moi.

Pendant ce temps, la domestique tapait ses deux casseroles l'une contre l'autre, absolument comme si elle eût voulu imiter les cymbales, et madame Pavillon brandissait son plumeau, et madame Laminette faisait jouer le bâton de sa seringue, mais il ne rendait alors aucun bruit, et le petit garçon chantait tout en tremblant l'air de la marche des Tartares.

Lorsqu'on est tout contre la porte de la chambre, monsieur Pavillon, qui veut parler et n'a plus de salive, se décide à tirer un coup de fusil, pour mettre en fuite les voleurs; mais le fusil rate, comme à son ordinaire, et madame Piffard dit tout bas:

— Mon mari n'en fait jamais d'autres.

Il s'agit alors de savoir comment on entrera chez Piffard. Naturellement, c'est monsieur Pavillon qui doit donner l'exemple, mais il n'y semble pas bien disposé.

Tout le monde se regarde en tremblant, et la troupe va se décider à faire une retraite peu honorable, lorsque tout à coup la porte s'ouvre, et Piffard paraît

. . . Dans le simple appareil
D'un homme laid qu'on vient d'arracher au sommeil.

Il se jette dans la famille Pavillon, il manque de renverser madame Laminette, il s'accroche à sa camisole, que ce mouvement brusque dénoue entièrement, ce qui met à l'air des choses qui avaient besoin d'être retenues; puis il va se fourrer derrière la domestique, en s'écriant:

— Ah! fichtre!... il était temps que vous vinssiez...

Dans quel guêpier m'avez-vous donc couché?...

C'est affreux! Quand on a des amis, on ne les loge pas avec des animaux... car je commence à croire que ce ne sont pas des voleurs, mais seulement des animaux qui se promenaient sur mon visage.

Tout le monde regarde Piffard, puis mademoiselle Félicte baisse les yeux, et par réflexion, madame Pavillon fait passer sa fille derrière elle; et comme on n'apercevait personne dans la chambre, dont la porte est toute grande ouverte, on commence à se rassurer, à penser que Piffard n'a fait que rêver, et le chef de la famille dit, en se donnant une voix imposante:

— Ah ça, mon cher ami, qu'est-ce que cela veut dire?... Comment toi, un homme qui a vu la mer, tu nous réveilles tous en poussant des cris horribles, tu effrayes ces dames... tu nous exposes à te voir en chemise... ce qui n'a rien de bien séduisant, et tout cela pourquoi?... parce qu'il y a des bêtes dans ta chambre...

Tu as eu des punaises peut-être... c'est possible!... mais on ne crie pas au secours et à l'assassin parce qu'on a des punaises!... c'est fort inconvenant.

— Il n'est pas question de punaises, répond Piffard, j'ai été réveillé par de forts trépignements sur mon visage... on trottait... on dansait le galop sur mon lit et sous mon lit. J'ai été effrayé, il y avait bien de quoi! au reste, entrez là dedans... vous avez de la lumière, vous verrez ce que c'est.

— C'est juste, dit monsieur Pavillon, entrons là-dedans... entre, Angélique.

— Vous pouvez bien entrer d'abord, monsieur.

— Ah! que les femmes sont poltronnes... hum!... hum... Je vais entrer, moi... mais au moins qu'on m'éclaire.

Et M. Pavillon, qui n'a pas l'air content du tout d'entrer dans la chambre, s'y décide pourtant, en tenant son fusil comme s'il voulait assommer quelqu'un avec la crosse. Il n'a pas fait deux pas dans la chambre que quelque chose lui passe rapidement entre les jambes.

Il lâche alors son fusil à terre et se laisse aller dans les bras d'Angélique qui l'éclairait, en s'écriant :

— Aye!... aye!... on se sauve à quatre pattes.

La famille Pavillon redevient tremblante et va fuir, lorsque la domestique, ayant plus de sang-froid que les autres, porte la lumière à terre et s'écrie bientôt:

— Ah! madame! un lapin... deux lapins... tous nos lapins sont retrouvés.

— Les lapins! serait-il possible?

On se précipite dans la chambre de Piffard, et on y retrouve en effet les lapins fugitifs qui du jardin avaient gagné l'écurie, et de là s'étaient réfugiés dans la petite pièce voisine où ils avaient établi provisoirement leur domicile sur le lit.

Lorsqu'on est bien certain que ce sont des lapins qui ont fait peur à Piffard, les éclats de rire succèdent à la frayeur, et madame Pavillon est fort contente d'avoir retrouvé ses déserteurs.

La bonne en a déjà saisi plusieurs, les enfants prennent le reste, et on souhaite le bonsoir à l'ami Piffard.

— Tu n'auras plus peur maintenant, lui dit monsieur Pavillon, tu vois bien que ce n'était que des lapins... Et pour un homme qui a vu la mer, tu t'effrayes de peu.

— Je ne pouvais pas deviner ce que c'était, répond Piffard; je ne pensais pas que vous m'aviez logé avec des lapins... Drôle de chambre d'ami!

— S'il n'est pas content, dit tout bas madame Laminette, il peut aller ailleurs, ce brutal qui m'a défait ma camisole... et qui ne m'a seulement pas adressé un compliment sur son bonheur.

Piffard veut encore dire quelque chose, mais Pavillon a hâte de fermer la porte sur lui, parce qu'un courant d'air venait de rendre le costume de son ami par trop décolleté.

VII

Une noce.

La nuit aux lapins fut suivie d'autres, mêlées aussi de fort singuliers incidents.

Tantôt Piffard rêvait tout haut et si haut, qu'on l'entendait parler dans les chambres du premier; tantôt c'était une poule qui s'était introduite dans la pièce qu'il habitait, et alors un autre combat nocturne avait eu lieu, qui avait éveillé tous les hôtes de la maison; une fois en se couchant Piffard avait cassé son lit, une autre fois il avait brisé le vase indispensable placé dessous; enfin, dans un accès de somnambulisme, il s'était promené une nuit en chemise dans le jardin, en criant :

— Un fiacre! voilà un fiacre! demandez un fiacre!

Il n'y avait qu'une voix contre lui dans la maison. Chacun s'accordait pour dire que ce monsieur était un hôte fort désagréable, mais monsieur Pavillon ne savait comment s'en débarrasser, et puis on espérait toujours tirer de lui l'aveu du motif qui lui avait fait quitter sa femme, et c'était là principalement ce qui faisait prendre patience à toute la maison.

Chaque jour, quand leur hôte était là, madame Pavillon et sa sœur amenaient la conversation sur le bonheur conjugal, et elles s'écriaient :

— Par exemple, un bon ménage c'était celui de monsieur et madame Piffard... il n'y avait qu'une voix là-dessus.

Comment donc se fait-il que des époux si bien unis se soient séparés?...

Voyons, monsieur Piffard, dites-nous donc cela... contez-nous ce qui en est... Nous n'en dirons rien à personne.

Quand on lui disait cela, Piffard baissait les yeux vers la terre, son nez s'allongeait, ses sourcils se fronçaient, puis il murmurait à demi-voix :

— Oh! si je vous disais la raison!... sapristi!... c'est alors que vous m'enverriez coucher avec une foule d'autres animaux... plus malfaisants!... oh! je ne peux pas le dire.

Alors Piffard, comme s'il eût craint de se laisser aller aux sollicitations de ces dames, se levait brusquement, allait se promener et ne reparaissait plus qu'au moment de se mettre à table, où, pour un homme désolé, il officiait toujours avec beaucoup de zèle.

Il y avait six semaines que Piffard logeait à Saint-Mandé, chez son ami, et on n'était pas parvenu à lui arracher son secret.

On commençait à penser qu'il n'en dirait jamais plus, et l'on cherchait un prétexte convenable pour lui faire sentir qu'il était temps qu'il allât se loger ailleurs, lorsque, par une belle journée d'automne, on entendit sonner avec force à la principale entrée de la maison.

Toute la famille était justement rassemblée dans la salle à manger, et Piffard était là aussi, car on venait de déjeuner.

Au bruit de la sonnette les Pavillon se regardent et madame s'écrie :

— Si ce sont des dîneurs, je n'en veux pas! je n'ai que le pot-au-feu et un canard... je n'ai pas envie de faire autre chose... c'est déjà bien assez... de... d'avoir tous les jours... quelqu'un de plus.

Piffard n'a pas l'air de comprendre ce qu'on vient de dire pour lui.

Monsieur Pavillon se tait.

Angélique est allée ouvrir et l'on attend avec une grande anxiété ce que la domestique va annoncer, lorsqu'on voit arriver avec elle un monsieur d'une quarantaine d'années, figure ronde, épanouie, rosée, un petit front, un gros nez, des yeux ronds comme ceux d'un chat, et un air assez commun. Enfin ce nouveau personnage n'était pas beau, mais il y avait alors sur toute sa physionomie un air si heureux, si enchanté, si joyeux que cela effaçait presque sa laideur; de plus sa toilette, si elle n'était pas de fort bon goût, était du moins extrêmement soignée. Il avait l'habit noir, le gilet blanc, le pantalon noir sans sous-pieds, ce qui laissait voir des bas de soie chinés, enfin une cravate blanche bien empesée et ornée d'un gros nœud, un jabot, des gants blancs; c'était la grande tenue d'un homme du commun.

— Eh! c'est monsieur Guiguy! s'écrie Pavillon en allant au-devant du nouveau venu.

Ce cher monsieur Guiguy, notre ancien voisin le pâtissier... Eh! comment cela va-t-il, mon cher Guiguy? il y a bien longtemps que nous n'avons entendu parler de vous... qu'êtes-vous devenu?

Monsieur Guiguy répond à ces compliments en serrant d'abord la main de monsieur Pavillon, puis il salue tout le monde très-humblement, en disant :

— Mesdames... messieurs... j'ai bien l'honneur de vous saluer... Ah! voilà le petit César... comme il est grandi... depuis trois ans que je ne l'ai vu!... il a dépassé son épaule... et mademoiselle Félicie, c'est une femme maintenant...

Je vois que votre santé a toujours été parfaite, j'en suis charmé.

— Oui, Guiguy, nous nous portons bien, et vous aussi? car vous êtes frais, rose...

Ha çà mais, quelle tenue! quelle toilette!... peste! des gants blancs... un jabot!...

Ha çà, Guiguy, ce n'est sans doute pas pour venir simplement vous promener à la campagne que vous vous êtes fait beau comme cela... Est-ce que vous êtes de noce?

Monsieur Guiguy part d'un gros éclat de rire, puis répond :

— Oui certainement... je suis de noce!... eh! eh! eh!

— Ah! je l'avais deviné, votre toilette l'annonce; et qui donc se marie de votre connaissance?

— Qui?... eh! eh!... qui? hi! hi! hi!... eh! mais c'est moi!

— Vous, mon cher Guiguy!

— Vous! s'écrie madame Pavillon. Vous! s'écrient les enfants.

— Vous! dit madame Laminette d'un ton où il y avait presque du dépit, parce qu'en se mariant il lui semblait que le pâtissier aurait tout aussi bien pu l'épouser qu'une autre.

— Oui, mes bons voisins, reprend monsieur Guiguy en riant toujours, oui, c'est moi qui viens de me marier.. aujourd'hui même... j'étais garçon.

Vous savez que lorsque vous étiez aussi dans le commerce, vous me disiez souvent :

— Guiguy, vous ne pouvez point vous passer de femme, il vous en faut une pour vendre vos tourtes et vos biscuits.

Ma foi, j'ai longtemps voulu garder ma liberté, mais le commerce va fort, les boulettes donnent plus que jamais, et je me suis aperçu que vous aviez raison, il me faut une femme à mon comptoir, parce qu'un comptoir sans femme... c'est... c'est... comme...

Monsieur Guiguy ne peut pas parvenir à trouver une comparaison, et monsieur Pavillon, voulant venir à son secours, se hâte de dire :

— Oui... un comptoir sans femme, c'est un pot de confiture sans papier.

Madame Laminette hausse les épaules d'une façon qui semble dire qu'elle ne trouve pas la comparaison heureuse.

Le pâtissier au contraire pousse un gros rire, en s'écriant :

— C'est cela... c'est bien cela... c'est une femme sans papier... je veux dire un comptoir sans pot... enfin c'est comme vous dites. Bref donc je me suis marié... j'ai trouvé une petite femme bien gentille... c'est-à-dire une petite fille... dix-huit ans pas plus. C'est un peu jeune pour moi, mais ma foi je m'en arrange... au total j'aime les femmes jeunes, moi !...

Madame Laminette cligne des yeux d'une façon particulière qui veut encore dire :

— Que cet homme a peu de goût ! mais le pâtissier n'y fait pas attention et il poursuit :

— Il n'y a pas beaucoup d'argent... la dot est bien mince ; mais c'est honnête... c'est sage... l'innocence même... qui travaillait dans la couture. Enfin je me suis marié ce matin à Paris, et nous sommes venus faire la noce à Vincennes...

Et savez-vous ce que je viens faire... parbleu... je viens vous chercher tous pour être de ma noce !

— Nous chercher ! dit M. Pavillon, tandis que sa famille sourit déjà à la proposition du marié.

— Eh oui ! je viens vous chercher... là, sans farce...

Je croyais vous trouver à Vincennes, et je me disais, j'irai les surprendre, les emmener. Mais là j'ai appris que vous logiez maintenant à Saint-Mandé.

Eh bien ! me suis-je dit, allons les chercher à Saint-Mandé !...

Oh ! il ne faut pas me refuser, d'abord !

Je sais bien qu'il eût été mieux de vous prévenir d'avance... mais vous savez comme je suis, moi, tout rond, tout sans cérémonie. Je voulais vous surprendre... **Nous** faisons la noce chez un bon traiteur... un gros traiteur... **nous serons bien, rien ne manquera.**

Oh ! quand je m'y mets, ça roule, eh ! eh ! eh !.. nous nous en donnerons, nous rirons et nous danserons !...

Et vous verrez ma petite femme ! l'innocence même, qui galope fort gentiment, et vous m'en ferez compliment.

— En vérité, monsieur Guiguy, dit madame Pavillon, votre invitation est très-aimable... mais nous ne pouvons pas comme cela... pour aller à une noce, il faut de la toilette... il faut se préparer... et...

— Oh pas du tout ! de la toilette avec nous autres par exemple... vous me connaissez, je suis bon enfant, moi, mais je ne suis pas du grand genre ; mes amis, mes connaissances sont comme moi : Les hommes en redingote, en paletot..... comme on veut...

Songez donc qu'une noce à la campagne, c'est pour s'amuser... faire des folies... et surtout être sans gêne !

Vous allez venir et vous **ne ferez pas de toilette, et vous serez très-bien**... et vous viendrez tous... Madame Laminette. Monsieur qui est de vos amis viendra aussi... il me fera plaisir... et votre fidèle Angélique, vous l'emmènerez aussi...

Oh ! j'ai là une voiture, une espèce de carriole, nous tiendrons tous dedans !

C'est décidé, je vous emmène tous... plus on est de fous et plus !... voilà !

La proposition de M. Guiguy était un peu burlesque. Le pâtissier était un personnage que les Pavillon avaient toujours regardé comme très au-dessous d'eux ; mais à la campagne les occasions de se divertir sont assez rares ; depuis quelque temps elles ne se présentaient guère dans la famille Pavillon, aussi tout le monde se laisse-t-il séduire par l'espérance d'une journée de plaisir.

Le petit César saute dans la chambre, en criant :

— Allons à la noce ! Oh ! oui, allons tous à la noce... Et ma bonne aussi !

— Va pour la noce ! dit M. Pavillon, nous ne nous y attendions pas, mais les parties qui ne sont point projetées sont toujours celles où l'on s'amuse le plus.

Enfin, il n'y a pas jusqu'à Piffard qui ne dise presqu'en souriant :

— Ma foi, une noce... chez un bon traiteur.. ça n'est pas sans agrément !

Les dames se hâtent d'aller passer une robe fraîche.

Pavillon met une cravate, un gilet, un habit.

Piffard va dans la chambre où il couche se donner plusieurs coups de brosse.

Pendant ce temps le marié ne cesse pas de courir de l'un à l'autre en criant :

— Oh ! surtout dépêchez-vous ! vous serez toujours très-bien !... ma petite femme sera inquiète. J'ai mis longtemps pour venir... elle en tient fameusement pour moi, ma jeune épouse...

Eh ! eh ! ça fera une bien jolie pâtissière.

Je lui ai bien dit que j'allais chercher une fournée d'amis, mais elle finirait par croire que je me suis perdu dans la pâte.

La société est bientôt prête : les dames sont presque belles ; mademoiselle Félicie l'est tout à fait ; le petit César n'a que cinq taches à son pantalon ; la domestique a un air de propreté auquel on n'est pas accoutumé.

On monte dans la carriole, immense voiture qui semble destinée à porter des décorations. Il y a place pour tout le monde. Le marié prend les guides, fouette son cheval et l'on part.

Durant la route la famille Pavillon ne tarit pas en éloges sur M. Guiguy, qui les emmène tous à sa noce.

— C'est un excellent homme, dit M. Pavillon. Il n'a pas inventé la poudre, mais il est tout cœur.

— Il y en a bien d'autres qui n'ont pas inventé la poudre ! reprend madame Pavillon en regardant Piffard, et qui ne rachètent pas cela par de la bonhomie, de la franchise.

— J'espère qu'il sera heureux en ménage et qu'il aura fait un bon choix, car un si brave homme... ce serait un crime de le tromper.

— Oui, dit madame Laminette, il est un peu commun... mais il est estimable, ce pâtissier ; cependant il fait une faute d'épouser une jeune fille de dix-huit ans... Il aurait dû prendre une veuve, c'était bien mieux son fait.

A tout cela Piffard se contentait de répondre de la tête, paraissant approuver tout ce qu'on disait, ou il murmurait :

— Oui, ce M. Guiguy m'inspire le plus vif intérêt... Il ne me connaît pas et il m'invite à être de sa noce, c'est fort aimable de sa part.

— Tu es de nos amis, cela suffisait pour Guiguy, dit M. Pavillon ; mais au moins j'espère que tu seras aimable... que tu seras gai !

— Oui, oui, répond Piffard d'un air plus bête que de coutume ; je serai très-aimable.

De Saint-Mandé à Vincennes le trajet n'est pas long. Bientôt la carriole s'arrête devant un traiteur.

— Nous y voilà ! s'écrie M. Guiguy en sautant à terre. Tenez... là, entendez-vous les farceurs... ils dansent déjà... Oh ! les farceurs... Je suis sûr qu'ils font tourner ma femme.

Toute la société descend de la carriole.

Le son d'un méchant crincrin chatouille aussitôt ses oreilles. La noce était réunie dans un grand salon au premier.

— Montons ! montons ! s'écrie le marié.

Vous, mesdames... je vais vous conduire.

Et M. Guiguy monte l'escalier.

On le suit.

M. Pavillon se balance déjà sur les marches comme s'il faisait la figure de la poule, et le jeune César marche sur les pieds de tout le monde, parce qu'il voulait déjà être avec la noce.

On entre dans le salon, et de toutes parts on s'écrie :

— Ah ! voilà le marié.

— C'est bien heureux !

— Arrive donc, Guiguy, ta femme te demandait à tous les cochers de coucou... Ah ! ah ! ah !

— Viens donc, trop heureux pâtissier !

Guiguy perce la foule et court à son épouse.

C'est une assez jolie petite femme, qui est très-rose et très-fraiche et dont les yeux noirs, quoique baissés modestement, ont plutôt une expression de malice que d'ingénuité.

Le pâtissier lui prend la main et l'entraîne vers la société qui vient d'arriver en disant :

— Ma petite Laurette, voilà des personnes de ma connaissance que j'amène... qui ont bien voulu être de notre noce...

C'est toute la famille Pavillon et un de leurs amis. Viens, que je te présente.

La mariée se laisse prendre la main et suit son époux en baissant les yeux, puis elle va faire des révérences devant les personnes auxquelles son mari dit :

— Voilà, ma femme que j'ai l'honneur de vous faire voir..... hein ! c'est gentil..... c'est coquet ! c'est chouetteau, comme on dit maintenant dans le beau monde.

Toute la famille Pavillon adresse ses compliments au marié. Mais Piffard, qui se trouve en ce moment être derrière son ami, pousse une exclamation de surprise en apercevant la mariée, puis murmure :

— Ah ! mon Dieu... ai-je la berlue !... ah ! par exemple... est-ce que c'est possible !

La mariée est passée sans lever les yeux sur Piffard, et on n'a pas fait attention à ce qu'il a dit ; mais il continue de pousser des exclamations de surprise.

— Elle est gentille la petite femme de Guiguy, dit enfin M. Pavillon en se tournant vers son ami.

N'est-ce pas, Piffard, qu'elle est bien, la mariée ?

— La mariée !... la mariée ! répond Piffard... ah ! c'est du joli... c'est du fameux ! oh ! mais ce n'est pas possible... je me serai trompé... mais non, plus je la regarde... c'est bien elle...

— Qu'est-ce que tu as donc... qu'est-ce que tu veux donc dire ? s'écrie monsieur Pavillon en poussant son ami du genou et lui faisant signe de se taire parce qu'il s'aperçoit que plusieurs jeunes gens de la noce qui ont entendu les exclamations de Piffard, s'arrêtent près de lui.

— Oh ! c'est que c'est indigne... un brave homme comme ce monsieur Guiguy !... moi, je ne puis pas voir de ces choses-là...

Il est joliment attrapé, ce pauvre monsieur ! avec son innocence même !

— Tais-toi donc, Piffard ; prends donc garde à ce que tu dis ! reprend Pavillon, en secouant le bras de son ami. Mais déjà les paroles qui échappent à Piffard ont été entendues par plusieurs hommes.

Parmi les classes bourgeoises, il est certaines plaisanteries que l'on n'endure pas facilement ; déjà plusieurs personnes chuchotent et regardent Piffard. Enfin un gros papa, dont les joues et le nez sont violets, s'approche de lui et lui dit à demi-voix, mais d'un ton peu aimable :

— Dites donc, monsieur, on prétend que vous tenez des propos sur la mariée.

Voyons ! c'est pas tout ça... je suis l'oncle du marié, moi... Avec nous autres faut aller au but... Qu'est-ce que vous avez dit... ? Qu'est-ce que vous avez voulu dire ?

Vous allez vous expliquer clairement, ou je vous cogne.

— Monsieur, répond Piffard, je ne suis point capable d'inventer des choses qui ne seraient pas, et de ternir la réputation de personne !

— Alors, monsieur, que signifient les propos que vous tenez ?

— Monsieur, si j'ai dit cela, c'est par intérêt pour M. Guiguy, qui a eu la bonté de m'inviter à sa noce sans me connaître.

Dans quel guêpier m'avez-vous donc couché ?

— Vous avez insulté la mariée, monsieur.

— J'ai dit ce que je pensais... et d'abord, dites-moi, la personne que monsieur Guiguy a épousée se nomme-t-elle Laurette Frimoneau ?

— Oui, monsieur, Laurette Frimoneau, couturière, orpheline de père et de mère, n'ayant plus qu'une vieille tante qui est sourde, la voilà là-bas... qui ne quitte pas sa chaise parce qu'elle est malade pour avoir trop déjeuné.

— C'est cela ! c'est bien cela ! s'écrie Piffard, alors je ne m'étais pas trompé.

— Enfin, monsieur, voulez-vous rétracter les propos que vous avez tenus sur la mariée ?

Pavillon pousse son ami, en lui disant tout bas :

— Rétracte-les, Piffard, tu vois bien que tu vas mettre le désordre dans cette noce, et troubler le bonheur de tous ces gens-là.

— Non, non, s'écrie Piffard, je ne veux pas que cet estimable monsieur Guiguy soit trompé... je veux éclairer ce digne pâtissier. Sa femme est une... pas grand'chose ?

— Et de quel droit dites-vous ça ? s'écrie un des garçons de la noce, en levant le bras sur Piffard : comment savez-vous qu'elle est une pas grand' chose !

— Comment je le sais ?... parbleu ! parce que j'ai couché avec elle.

L'air d'assurance avec lequel Piffard vient de prononcer ces mots frappe de stupeur tous les témoins de cette scène ; ceux qui voulaient rosser Piffard laissent retomber leurs bras et se regardent entre eux d'un air consterné, puis ils répètent tout bas :

— Il a couché avec elle !... Ah ! pauvre Guiguy !

Pendant que tout ceci a lieu, le marié, occupé à donner ses ordres pour que l'on apporte des rafraîchissements, est resté à l'autre bout de la salle, et ne sait encore rien de ce qui se passe ; mais pendant qu'autour de Piffard on délibère pour savoir si on l'instruira de ce que l'on vient d'apprendre, le monsieur au nez violet, oncle du pâtissier, se hâte de courir à lui, en s'écriant :

— Guiguy, il y a là un monsieur qui se vante d'avoir déjà couché avec la femme...

Le pâtissier fait un bond comme s'il voulait franchir une barrière, puis balbutie, pouvant à peine parler, parce que la colère l'étouffe.

— Où est le polisson qui a dit cela... où est-il... je vais le mettre en croûtes...

Son oncle lui montre Piffard. Aussitôt le marié court à celui-ci, le saisit au collet, commence par lui appliquer plusieurs soufflets et se dispose à l'étrangler, lorsque plusieurs garçons de la noce parviennent à le dégager de ses mains.

— Laissez-moi, dit le marié, cet homme a insulté mon épouse... Je veux le tuer... je veux le briser.

— Monsieur, dit Piffard en essayant de retrouver sa langue, vous avez tort de me battre : ce que j'ai dit..... est dans votre intérêt..... par amitié pour vous.....

Faites venir votre femme; vous allez voir si elle me reconnaît, et devant elle je répéterai ce que j'ai dit.

Monsieur Guiguy ne sait plus que croire, et ses amis lui disent :

— Écoute donc pourtant..... si ce monsieur a dit vrai..... tu ne peux pas lui en vouloir de ce qu'il ne veut pas que tu sois trompé.

— Ma femme!... la mariée!... ma femme, s'écrie Guiguy d'un air effaré. Où est-elle... qu'on la fasse venir à l'instant.

On va chercher la mariée, qui était descendue dans le jardin, et qui demeure toute surprise de voir l'agitation qui règne dans la société et la figure bouleversée de son mari.

— Qu'est-il donc arrivé?... Est-ce que mon mari est indisposé? s'écrie la nouvelle épouse.

— Madame, dit Guiguy, il y a autre chose qu'il faut tirer au clair..... Tenez, connaissez-vous monsieur?

La mariée, que l'on vient de conduire en face de Piffard, lève les yeux sur lui et s'écrie :

— Tiens! c'est monsieur Piffard!... Ah! je ne l'avais pas reconnu d'abord.

Bonjour, monsieur Piffard. Comment se porte madame votre épouse?

Au lieu de répondre, Piffard promène ses regards sur le marié et les gens de la noce d'un air qui signifie :

— Vous voyez qu'elle me reconnaît.

Monsieur Guiguy est devenu jaune et vert; il s'empare du bras de sa femme et le serre vivement en lui disant :

— Vous connaissez donc monsieur?

— Mais certainement; pardi, j'ai travaillé assez souvent chez lui pour sa femme qui m'aimait beaucoup... j'y faisais quelquefois des quinze jours... j'y couchais même.

— Femme indigne!... monsieur ne nous a donc pas trompé en nous disant qu'il a couché avec vous?

La jeune mariée reste toute saisie et regarde Piffard en balbutiant :

— Comment, Monsieur, vous avez osé dire?...

— Oui, Laurette Frimoneau, répond Piffard, j'ai dit la vérité, parce que je me suis senti indigné de voir tromper ce digne monsieur Guiguy qui m'a invité à sa noce.

— La vérité! mais vous mentez, monsieur!...

— Oh non, je ne mens pas..... Oh! je sais bien que cela vous étonne, mademoiselle..... mais rappelez-vous la nuit de la Saint-Jean..... et ce jeune pharmacien qui vous faisait si bien la cour.....

La mariée se trouble et rougit : cependant elle répond :

— Eh bien! monsieur..... ce jeune pharmacien..... monsieur Galoubet.....

— C'est cela même, monsieur Galoubet.... un fort joli garçon, je l'avoue, mais c'était un indiscret..... car c'est lui qui me dit un jour : J'ai reçu pour cette nuit un rendez-vous de mademoiselle Laure la couturière; elle n'a pas pu me refuser, je lui ai tourné la tête.....

Moi je trouvai cela fort mal, je prévins le pharmacien chez qui était le jeune Galoubet; celui-ci le fit le même jour partir pour Brives-la-Gaillarde...

Vous concevez qu'alors il ne pouvait pas aller au rendez-vous que mademoiselle lui avait donné. Mais maintenant... comment vous avouerai-je mon crime!.....

Il faut bien cependant, puisque j'ai commencé..... Je trouvai mademoiselle Laure

C'était ma femme, s'écrie Piffard.

fort gentille... je ne sais ce qui me passa par la tête... le diable s'empara de moi... je savais que le rendez-vous aurait lieu dans la nuit.....

Bref..... je suis un bien grand coupable... monsieur Guiguy, vous savez ce que je viens de vous dire... Eh bien !.... voilà comment cela est arrivé.

Le pâtissier tombe sur une chaise, anéanti par ce qu'il vient d'apprendre, la mariée s'éclipse, tous les gens de la noce sont consternés, et c'est à qui fera le plus de réflexions sur le malheur qui est arrivé au marié.

. . . .

Cependant Pavillon s'est approché de son ami, il le regarde d'un air de doute en lui disant :

— Quoi! Piffard, tu as fait cela, toi!

— Eh oui, s'écrie Piffard, j'ai fait cela, j'ai trompé ma femme... le voilà ce secret qui me rend si malheureux, si triste depuis quelque temps, et que je n'osais pas vous avouer...

Voilà pourquoi j'ai quitté madame Piffard!

— Vous avez quitté votre femme parce que vous lui aviez fait une infidélité? dit madame Laminette en ouvrant de grands yeux.

— Mais je n'y comprends rien, dit madame Pavillon, votre femme a donc appris cette aventure... et elle n'a pas voulu rester avec un infidèle?

— Mais non, dit Piffard, ce n'est pas cela! Ma femme ne se doutait de rien, c'est moi qui, le lendemain, bourrelé de remords, lui ai écrit :

« Ma chère amie,

« Je t'ai trahie, je ne suis plus digne de ton amour; je me punis « en me séparant pour toujours de toi. »

Et je suis parti, et depuis ce temps je n'ai pas osé retourner près de madame Piffard.

Voilà mon histoire.

Monsieur Pavillon frappe dans ses mains et lève les yeux au ciel en s'écriant :

— Je n'en ai jamais connu de cette force-là!..... aller avouer des choses comme cela à sa femme!....

Diable de Piffard, un homme qui a vu la mer!... va... on te fera mouler, toi!

Mais, mon cher ami, tu ne fais que des sottises!...

— Comment! murmure Piffard d'un air étonné, est-ce que tu trouves que j'ai eu tort d'avouer à ma femme que...

— Eh oui, sans doute... tu as eu tort!

Certainement c'est fort mal de faire de ces choses-là... c'est très-mal... mais enfin... tous les hommes mariés ne sont pas des modèles de sagesse... et quand on a quelque faiblesse à se reprocher, on se garde bien d'aller le conter à sa femme qui ne s'en doute pas et à laquelle on cause du chagrin sans nécessité.

— Et dans cette noce, monsieur, dit à son tour madame Pavillon, pensez-vous que ce soit bien ce que vous venez de faire...?

Ces gens-là étaient très-heureux... monsieur Guiguy se trouvait le plus fortuné des hommes... et par vos sottes révélations vous venez de mettre le désordre, la douleur parmi plusieurs familles... Fi! monsieur, fi! votre conduite est indigne!

Piffard fait encore un air plus bête en balbutiant :

— Quoi! madame, quand je veux empêcher un brave homme d'être trompé...

— Eh, monsieur! puisque le mariage était fait, il n'y avait plus rien à dire.

D'ailleurs lorsque quelqu'un est dupe d'une illusion qui fait son bonheur, ceux qui cherchent à lui prouver qu'il s'abuse sont de méchantes gens et pas autre chose.

Piffard demeure confus, il va se cacher dans un coin du salon, et sur son chemin il voit toutes les femmes, toutes les jeunes filles le regarder d'un air de courroux, en murmurant :

— Oh! le vilain homme!... il avait bien besoin de dire tout cela!

Cependant après être resté quelque temps plongé dans sa douleur, le marié commence à écouter ses amis qui lui disent :

— Écoute donc, Guiguy, c'est vexant, certainement! tu ne trouveras pas ce que tu croyais; mais enfin tout cela est arrivé avant ton mariage, et une femme qui a eu quelque amourette avant sa noce est quelquefois fort sage après.

Et puis, quand tu te désoleras, il n'en sera ni plus ni moins... Allons, pardonne à ta femme. Nous allons mettre ce monsieur à la porte, et puis nous recommencerons à nous amuser comme si de rien n'était. La tante de ta femme est sourde, elle n'a rien entendu; on ne lui dira rien de tout ceci.

Le marié presse la main de ses amis, essuie ses yeux, se mouche et se lève en disant :

— Je crois que vous avez raison!... Enfin ce n'est pas de mon temps! il faut être... le mot ne me vient pas.

— Philosophe, dit monsieur Pavillon.

— C'est cela. Voyons, où est-elle cette malheureuse épouse, pour que je lui pardonne?

On regarde de tous côtés et on s'aperçoit que la mariée n'est plus là.

— Elle sera allée se cacher dans quelque coin, dit une des filles d'honneur, nous allons aller la chercher.

On se met en devoir de retrouver la mariée.

On va regarder dans les chambres voisines, puis dans les cabinets les plus secrets, puis dans le jardin, enfin on visite la maison du haut en bas, et on ne découvre pas la mariée.

— Qu'est-ce que cela veut dire? s'écrie monsieur Guiguy; est-ce que dans son désespoir ma malheureuse épouse se serait portée à quelque acte funeste sur sa personne...

Ah! mes amis... je ne m'en consolerai pas... regardons dans le puits... dans le grenier... qu'on fouille les caves... je veux ma femme, il me la faut.

Et dans son désespoir monsieur Guiguy court de nouveau sur Piffard qu'il secoue comme un prunier en lui disant :

— Monsieur, s'il est arrivé malheur à ma femme, c'est vous qui en êtes cause et vous me le paierez!...

— Comment, monsieur, répond Piffard effrayé, parce que j'ai voulu vous rendre service.

— Il est joli le service que vous m'avez rendu. Vous êtes un sot, monsieur, et pas autre chose.

— Oui, oui, répètent tous les gens de la noce, il faut être bien bête pour dire de ces choses là, quand personne ne vous les demande.

Piffard ne sait où se fourrer; il voudrait bien ne plus être à la noce, mais il ne sait comment s'en aller.

VIII

Ce qu'il en était.

Plus de deux heures s'étaient écoulées, on avait inutilement cherché la mariée dans la maison et dans les environs.

Toute la noce était consternée; monsieur Guiguy était au désespoir, et de temps à autre il lançait des regards furibonds sur Piffard qui n'osait pas bouger de son coin.

Tout à coup un cabriolet s'arrête devant le traiteur, deux femmes en descendent, et madame Pavillon qui était contre une fenêtre s'écrie :

— Voilà la mariée! la voilà... avec madame Piffard.

Tout le monde se livre à la joie; on n'entend plus que ces mots :

— La mariée est retrouvée.

Et l'on s'occupe fort peu de la personne qu'elle ramène avec elle.

Il n'en est point ainsi de Piffard : en apprenant que la mariée revient avec sa femme, il est devenu blême et s'attend à une scène terrible de la part de son épouse.

Cependant M. Guiguy veut courir au devant de sa femme; au moment où elle entre dans le salon, il s'élance vers elle en lui criant :

— Ma chère amie, je t'ai pardonné... embrassons-nous, et ne parlons jamais du passé...

Mais la jeune personne repousse son mari avec assez de dignité, en lui disant :

— Un moment, monsieur; je ne veux pas que l'on me pardonne, moi, car je ne suis pas coupable! Je ne suis revenue que parce que je puis maintenant prouver mon innocence!

— Son innocence ! disent tous les gens de la noce.

— Mais, ma bonne amie, ce n'est plus la peine, reprend Guiguy... encore une fois ne parlons plus de ça...

— Oh ! si monsieur, mon affront a été public, il faut que la réparation le soit aussi.

Voilà madame Piffard que j'ai ramenée, c'est par elle que l'on saura la vérité.

Madame Piffard, qui est auprès de la mariée, semble alors fort embarrassée et ne savoir comment s'expliquer, mais la nouvelle épousée s'empresse de reprendre la parole.

— Madame Piffard, pendant que je travaillais chez vous, vous me montriez beaucoup d'amitié, et moi je vous contais tous mes petits secrets. Ne vous ai-je pas conté que je m'amusais aux dépens de M. Galoubet le pharmacien, qui me demandait toujours des rendez-vous ?

— Oui, c'est la vérité, dit madame Piffard d'une voix émue.

— Ne vous ai-je pas dit que pour me moquer de ce jeune homme, je lui avais donné un rendez-vous pour la nuit, la veille de la Saint-Jean, rendez-vous auquel je n'avais nullement l'intention d'aller ?...

— Vous y avez été pourtant, mademoiselle, s'écrie Piffard.

— Eh non, monsieur, je n'y suis point allée ! C'est madame Piffard qui s'y est rendue à ma place, afin, me dit-elle, de donner une bonne leçon au séducteur.

— C'était ma femme !... s'écrie Piffard...

Toute la compagnie se met à rire, et madame Piffard reprend d'une voix émue et en baissant les yeux :

— Oui, monsieur, c'était moi qui voulais sermonner vertement M. Galoubet. Je me gardais bien de vous dire que c'était moi, afin de savoir jusqu'où vous pousseriez la trahison.

Piffard est confondu ; la famille Pavillon fait une foule de réflexions, et madame Laminette semble croire que madame Piffard elle-même ne savait pas que son mari avait pris la place du jeune pharmacien, et qu'elle n'était pas venue là dans l'intention de tancer le séducteur.

Mais M. Guiguy est au comble du bonheur ; il prend sa femme dans ses bras, il la porte en triomphe dans toute la maison; il voudrait la promener dans Vincennes et dans le fort, la montrer à toute la garnison ; et ce n'est pas sans peine que l'on parvient à le calmer et à lui faire reposer sa femme à terre.

Bientôt la danse recommence, on saute de plus belle, la gaieté est revenue plus vive, plus bruyante encore qu'auparavant, et la noce du pâtissier se célèbre avec toute la gaieté et toutes les folies d'usage.

On redouble de petits soins, de galanterie près de la mariée, car c'est à qui lui témoignera le plus d'amitiés, pour lui faire oublier l'événement qui a eu lieu.

Quant à Piffard, on ne fait plus attention à lui, et il est allé prendre le bras de sa femme en lui disant :

— Ma chère amie, puisque tu savais que je n'avais été coupable qu'en idée... pourquoi donc ne pas me le dire quand je t'ai écrit que je t'avais trahie.

— Parce que je voulais vous punir, monsieur, s'écrie madame Piffard.

— Ah ! c'est juste ! répond Piffard, qui pourtant se gratte le front en disant à M. Pavillon qui est près de lui :

— Mais... avec tout ça mon épouse avait eu une singulière idée d'aller prendre la place de mademoiselle Laurette... car... enfin... si ce n'avait pas été moi... qu'est-ce qui serait arrivé ?

Et M. Pavillon lui dit tout bas à l'oreille :

— Mon cher ami, je ne sais pas ce qui serait arrivé, mais sois bien persuadé d'une chose... c'est que ta femme ne te l'aurait pas dit... et elle aurait eu raison.

A dater de cette époque, M. et madame Piffard firent de nouveau un excellent ménage.

La famille Pavillon se trouva très-heureuse dans la belle maison de campagne, après toutefois avoir fait condamner deux portes d'entrée, parce qu'en n'en gardant qu'une, on savait du moins où il fallait ouvrir quand on sonnait.

FIN DE MON AMI PIFFARD.

JENNY

ou

LES TROIS MARCHÉS AUX FLEURS DE PARIS.

I

Paris ne sera bientôt plus qu'un vaste parterre ; Flore est la déesse que l'on y encense ; dans tous les quartiers maintenant on lui élève des autels. Aimez-vous les fleurs ? on en vend partout, et, à défaut d'arbres que bientôt nous n'aurons plus, grâce au gaz qui fait périr leurs racines, du moins il nous restera des rosiers, du jasmin et du réséda ; cela donne moins d'ombre, mais c'est plus odorant.

Un roi de France a dit :

Une cour sans femmes est un printemps sans roses.

Cependant, sous le règne de François 1er il n'y avait pas à Paris trois marchés aux fleurs ; et quand on aime les dames, on doit nécessairement aimer les fleurs, car vous savez que l'on ne peut guère parler des unes sans les comparer aux autres ; et depuis *Tibulle, Catulle* et *Properce*, jusqu'à *Dorat, Parny* et *Gentil-Bernard*, combien de fois n'a-t-on pas dit que la femme était une fleur ! Tous les vaudevillistes ont fait un couplet là-dessus.

Jadis on ne pouvait s'approvisionner de fleurs que deux fois par semaine.

Ce n'était que sur le quai, près de la place du Palais-de-Justice, les mercredis et samedis seulement, que les paysans des environs de Paris et les jardiniers fleuristes de la capitale venaient étaler leur jolie marchandise.

Ce jour-là, le quai aux Fleurs était de bonne heure le rendez-vous des jeunes filles, des petites ouvrières, des grisettes de tous les quartiers de Paris, qui venaient marchander un modeste pot de marguerite, ou élever leurs prétentions jusqu'à l'œillet, jusqu'au myrte en caisse.

Les étudiants en médecine, les apprentis avocats, et toute cette studieuse jeunesse du quartier latin descendaient aussi jusqu'au quai aux Fleurs, plutôt pour y voir les promeneuses que pour acheter des bouquets ; puis, sur les deux heures, venaient les dames élégantes, qui ne dédaignaient point de descendre de leur voiture pour choisir un oranger, un *cactus grandiflores*, un *rosa centifolia*, et, suivies de leur domestique, parcouraient le marché, en s'arrêtant devant les fleurs les plus belles, devant les plantes les plus rares.

Sur le soir, à l'heure où les marchandes sont pressées de terminer leur journée et désirent retourner dans leurs foyers, alors on voyait arriver la modeste rentière, qui voulait se faire cadeau d'un pot de réséda pour orner sa fenêtre, en dépit des ordonnances du commissaire, lequel traite fort sévèrement tous les pots qu'il aperçoit. Pauvre commissaire ! il doit avoir bien de l'occupation !

Ensuite venait le laborieux ouvrier, qui, en terminant sa journée, s'était souvenu que sa femme s'appelait ou Jeanne, ou Marie, ou Madeleine, et qu'il n'y avait pas de bonnes fêtes sans bouquet.

Enfin, le portier même confiait un moment sa loge aux soins d'un voisin officieux, pour courir acheter le pot de basilic ou de volubilis qui, avec sa pie, devait agréablement occuper ses loisirs.

Autres temps, autres soins ! sans doute le quai aux Fleurs est toujours fréquenté, achalandé ; il a même la réputation d'être le mieux pourvu des trois marchés aux fleurs de la capitale, et ce n'est point une réputation usurpée.

Mais du moins la jeune fille du Marais, le bourgeois de la Porte-Saint-Denis, lorsqu'ils veulent se faire cadeau d'une fleur, n'ont plus besoin de traverser une partie de Paris à pied, ou de prendre un omnibus pour contenter leur fantaisie ; payer douze sous d'omnibus pour aller faire emplette d'un pot de pensées de six sous, vous conviendrez que cette considération a dû faire du tort aux bouquetières. Il fallait un marché pour chaque quartier, comme il faut des fleurs pour toutes les bourses, car pour tant de jeunes femmes qui passent leur journée à travailler, c'est un si doux délassement de reposer ses yeux sur un peu de verdure ! sur le bouton qui va s'entr'ouvrir, sur les pétales d'où s'exhale une odeur suave et parfumée ! Les fleurs sont le seul superflu que se permettent les pauvres gens ; tâchons au moins qu'ils puissent se les procurer à peu de frais. Un superflu qui donne un instant de bonheur, aurait presque le droit de passer pour un nécessaire.

Maintenant le Marais a donc son marché aux fleurs établi sur le boulevard Saint-Martin, devant le Château-d'Eau ; là, tous les lundis et jeudis, on peut venir, non pas y cueillir, mais y choisir l'œillet, le jasmin ou le dahlia.

Le voisinage du Château-d'Eau répand sur ce boulevard une agréable fraîcheur ; les arbres que l'on a plantés et replantés si souvent depuis la révolution de juillet, consentiront peut-être enfin à prendre racine, à étendre leurs rameaux et à donner de l'ombrage.

Pauvres arbres !... ils nous tiennent rigueur, comme s'ils voulaient nous punir d'avoir abattu ceux qui avaient protégé de leur ombre les promenades de nos aïeux.

En attendant que les sycomores du boulevard du Château-d'Eau soient bien fournis de feuillage, on a déjà placé des rangées de chaises à leur pied ; on veut attirer là les promeneurs et leur offrir en même temps la facilité de se reposer.

Les élégantes et les dandys n'abondent pas encore sur les chaises du boulevard Saint-Martin, mais en revanche on y voit force bonnes d'enfants et pas mal de tourlourous ; avec le temps cela deviendra peut-être un second boulevard de Gand ; les bonnes gens disent que Paris ne s'est pas fait en un jour.

Mais les lundis et les jeudis, dans la belle saison, il y a du monde sur les chaises, car alors la vue des fleurs étalées par les marchandes rend cette promenade agréable, et en tout temps, elle est toujours infiniment plus propre que celle du quai où se tient l'ancien marché.

Enfin, le quartier élégant, fashionable, le quartier des banquiers et des danseuses de l'Opéra, des dandys et des petites maîtresses, des *lions* et des *rats*, la Chaussée-d'Antin a aussi son marché aux fleurs; celui-là, établi contre l'église de la Madeleine, est à l'abri des voitures, sur un terrain battu, et presque toujours sec.

Ce marché devrait être le plus beau des trois, on devrait y voir les plus belles fleurs et les plus jolies femmes, les plantes les plus rares et les toilettes les plus à la mode; il n'en est pas ainsi pourtant : ce marché qui se tient les mardis et les samedis de chaque semaine, est en général peu fréquenté et n'offre point aux amateurs une assez grande variété de fleurs. Les petites maîtresses veulent bien qu'on leur porte des bouquets, mais elles n'en achètent point elles-mêmes; ces dames ont raison : il ne faut pas prendre de mauvaises habitudes.

Vous voyez que chaque jour de la semaine vous pouvez maintenant, sans sortir de Paris, vous promener au milieu des roses, des orangers et des dahlias : et à ceux qui nous diraient à présent, comme *Jean-Jacques*, que Paris est une ville de bruit, de boue et de fumée, nous pouvons répondre que tout cela s'est changé en un parterre émaillé de fleurs.

II

Il y a un an environ, c'était un mercredi, et le marché du quai offrait un coup d'œil charmant. Des arbustes couverts de fleurs captivaient à la fois la vue et l'odorat; de nombreux promeneurs parcouraient le marché, les uns seulement pour voir, les autres embarrassés de faire un choix parmi tout ce qui flattait leurs regards.

Au milieu de ce monde qui s'arrêtait devant les marchands, on remarquait un petit vieillard habillé de noir, mais dont les vêtements usés et rapiécés en divers endroits semblaient avoir traversé toute une génération.

Ce petit homme, dont le corps sec et maigre paraissait aussi usé que l'habit, avait sur la tête une perruque qui avait dû être blonde, mais qui était devenue rousse. A force de servir et d'être tirée, elle s'était usée et raccourcie sur les côtés, de façon qu'elle n'arrivait plus jusqu'aux oreilles, et que là on apercevait des cheveux blancs qui s'harmonisaient avec le reste de la coiffure, et qui ne pouvaient être cachés par un chapeau devenu rouge aussi, et dont les bords étaient si petits, qu'on se demandait comment la personne qui le portait pouvait s'y prendre dans le cas où elle aurait voulu saluer quelqu'un.

Cependant cette mise, plus que modeste, n'attristait par les cœurs, parce que, sous son habit râpé et sa perruque écourtée, le petit vieillard semblait l'homme le plus heureux de la terre; ses yeux gris étincelaient de vivacité, sa bouche se pinçait en souriant d'un air moqueur, et, tout en se promenant, il lui arrivait souvent de se frotter les mains comme quelqu'un qui vient de terminer une bonne affaire ou qui est parfaitement content de lui.

Après s'être promené pendant longtemps sur le quai, examinant de près les arbustes les plus beaux, mettant son nez sur les bouquets qui exhalent les plus doux parfums, le vieux monsieur s'est approché d'une marchande qui vend des fleurs plus modestes, et, lui montrant du doigt un petit pot de violette, lui dit :

— Combien cela ?

— Cette violette ?... six sous...

— Ah! oui, six sous... Et c'est à moi que vous osez dire cela ! à une pratique !

— Je ne sais pas si vous achetez souvent aux autres, mais voilà la première fois que je vous vends...

— Bah ! c'est que vous ne vous rappelez pas !... Il ne se passe point un mercredi et un samedi sans que je vienne ici !... J'adore les fleurs, et si j'avais un jardin ! ah ! Dieu ! si j'avais un jardin ! ce serait un parterre, une corbeille !... Mais je n'ai qu'une fenêtre, très-peu large même.

Voyons, je vous offre deux sous de ce pot de violette : c'est bien payé...

— Quatre, pas à moins.

— Je vous ai dit que j'étais une pratique; tous les deux mois je renouvelle ma violette, c'est ma fleur de prédilection : ce n'est pas la plus chère, j'en conviens; mais à mon goût, c'est la plus suave...

Allons, c'est convenu... Tenez, voilà votre argent : je n'achète jamais à crédit...

— Non, non, quatre sous, pas à moins.

— Si monsieur ne le prend pas, je l'achète, moi, dit une jeune fille qui vient de s'arrêter aussi devant la marchande.

Le vieux monsieur lève les yeux, et regarde la personne qui vient lui faire concurrence et mettre à l'enchère sur la fleur dont il a fait choix.

C'est d'abord avec un sentiment de courroux qu'il porte ses regards sur la nouvelle venue; mais son ressentiment s'évanouit bientôt à l'aspect de deux jolis yeux noirs, bien vifs, bien éveillés et passablement spirituels, d'un petit nez retroussé, d'une bouche mignonne garnie de dents blanches et bien rangées, enfin d'une figure à la fois fraîche, jolie et aimable, trois agréments qui ne se trouvent pas réunis aussi souvent qu'on pourrait le croire.

Sous son habit râpé, le petit bonhomme cachait un cœur sensible au pouvoir de la beauté, et peut-être même ne portait-il un si pauvre costume que par suite de sa trop grande sensibilité !

Il y a des hommes qui passent leur jeunesse à faire des folies et leur vieillesse à regretter de ne plus pouvoir en faire.

Au lieu d'adresser un reproche à la jeune fille qui veut acheter ce qu'il marchandait, monsieur Alexandrin (c'est le nom du vieux monsieur) s'empresse de prendre le pot et le présente à la jolie fille en lui disant :

— J'ai moins de regret de ne point le posséder, puisque je vois que cette fleur va en rejoindre une autre...

La jeune fille sourit.

Un compliment fait toujours plaisir, surtout lorsqu'on ne l'a pas provoqué; et, au lieu de prendre les violettes qu'on lui présente, la jeune personne répond :

— Mon Dieu ! monsieur, j'ai dit cela sans penser que cela pouvait vous contrarier... Vous aviez peut-être envie de cette fleur... Je sais bien qu'il n'en manque pas sur le quai; mais quelquefois on a de la prédilection pour un pot plutôt que pour un autre...

Gardez-le, monsieur, je ne l'achèterai pas.

— Non vraiment, mademoiselle; je suis trop heureux de vous céder quelque chose, quoique je n'espère pas que ce soit à charge de revanche; seulement, mademoiselle, si vous voulez aussi m'être agréable, permettez-moi de porter votre achat; ce pot de violette gâterait votre robe ou salirait vos petites mains; moi, je n'ai rien à gâter, vous le voyez.

Ensuite, mon âge doit vous rassurer sur ma proposition : on ne supposera pas que je suis votre amoureux. Permettez-moi donc d'être votre porteur. Il faut bien que la vieillesse ait aussi ses priviléges.

La jeune fille regarde le petit vieillard qui tenait le pot de violette contre lui, comme un soldat tient son fusil lorsqu'il vient présenter les armes; elle ne peut s'empêcher de sourire de la tournure singulière de son porteur, puis elle lui répond d'un ton gracieux :

— Eh bien ! monsieur, j'accepte; mais c'est à condition que vous me monterez les violettes jusque chez moi; et je loge au sixième étage, je vous en préviens.

— Fût-ce sur les tours de Notre-Dame ou sur la colonne de la place Vendôme, fût-ce même sur la pointe de l'obélisque, ou de la colonne de Juillet, j'y grimperais avec joie pour vous accompagner.

Et en disant cela, monsieur Alexandrin porte la main à son chapeau comme pour saluer sa nouvelle connaissance ; mais il ne faisait jamais que le simulacre, car le chapeau s'était tellement racorni des bords, que son propriétaire craignait, en les touchant, de n'avoir bientôt plus que la forme sur la tête...

La jeune fille s'est mise en chemin, monsieur Alexandrin la suit, ou plutôt il marche à côté d'elle, tantôt sautillant, tantôt pressant le pas, de peur d'avoir l'air fatigué.

La personne pour laquelle il se montrait si galant pouvait avoir vingt ans tout au plus ; sa mise était simple : une petite robe de toile à mille raies ; un tablier de taffetas noir, un fichu en foulard, telle était sa toilette ; un bonnet qui s'avançait sur les deux joues et laissait à découvert tout le milieu de la tête, complétait le costume.

Était-ce une grisette, une ouvrière, une femme de chambre ou une demoiselle de boutique ?

C'est ce qu'il est assez difficile de décider ; car à Paris tant de gens se ressemblent par la mise qu'il faut une grande habitude pour deviner au premier coup d'œil quelle est leur position ou leur profession.

La jeune fille a traversé la place du Palais, elle monte vers la rue de la Harpe, et ne cesse de marcher qu'auprès de la rue des Mathurins.

Enfin elle s'arrête devant une maison vieille comme le quartier, et elle entre dans une allée noire comme la maison, en disant à son compagnon :

— C'est ici, monsieur, prenez garde, l'allée est sombre, l'escalier est glissant, mais une fois qu'on tient la rampe on est sauvé.

Le petit vieux commence peut-être à penser qu'il a poussé la galanterie un peu loin.

Cependant il pénètre dans l'allée, tenant toujours avec sa main gauche le pot de violette serré contre sa poitrine, et de sa main droite cherchant à saisir la bienheureuse rampe qui doit lui servir de fil dans le labyrinthe qu'on appelle l'escalier.

La jeune fille marchait devant lui montant les étages avec cette sûreté que donne l'habitude, tandis que celui qui la suivait se cognait à chaque instant contre la muraille.

— C'est un peu haut, monsieur, cent quatorze marches à monter ! dit la demoiselle en se tournant vers son compagnon.

— Je vais sans compter, répond monsieur Alexandrin ; cependant j'aime à croire que nous approchons.

— Nous voici chez moi...

III

La jeune fille a ouvert une porte, et on pénètre dans une petite chambre bien modestement meublée où il serait difficile de trouver un seul objet superflu, mais où tout est rangé avec ordre, épousseté et frotté avec soin.

La maîtresse du logis s'empresse alors de débarrasser le vieux monsieur du pot de violette qu'il tenait encore sous son bras, et, lui présentant une chaise, elle lui dit :

— Maintenant, monsieur, j'espère que vous ne me refuserez pas de partager mon modeste dîner ; je ne vous ai imposé l'obligation de monter aussi haut qu'afin d'avoir le plaisir de vous l'offrir, et vous ne me ferez pas le chagrin de me refuser.

Mais avant tout, comme il est naturel de désirer savoir chez qui l'on est, je vais en peu de mots vous dire toute mon histoire...

Je me nomme Jenny Desgrillon ; je suis fille d'honnêtes artisans qui me firent apprendre l'état d'enlumineuse que j'exerce encore aujourd'hui ; mais il y a trois ans j'ai eu le malheur de perdre mes parents.

En mourant ils m'ont bien recommandée à un de leurs amis, monsieur Benoît, épicier ; ce monsieur Benoît a un fils, monsieur Fanfan ; celui-ci me fait la cour et veut m'épouser.

Moi, je vous avoue que je n'ai pas du tout d'amour pour monsieur Fanfan, que je ne me soucie pas d'être épicière, et qu'au contraire j'ai un penchant très-prononcé pour le théâtre.

Oui, monsieur, je voudrais être actrice, jouer des rôles, paraître en public ; recevoir les applaudissements de la foule ; porter de beaux costumes, être un jour princesse, le lendemain paysanne, puis Anglaise, puis Polonaise ; entendre un jeune chevalier me déclarer qu'il m'adore, qu'il veut se tuer pour moi ; ou un élégant petit maître me faire un joli compliment en musique, me jurer que je suis charmante sur l'air du *Baiser au porteur* ou de la *Famille de l'apothicaire*.

Oh ! voilà ce qui doit être le bonheur ; voilà ce que je rêve tout éveillée, en enluminant *Barbe-Bleue* ou le *Petit Poucet*. Mais comment devenir actrice, comment débuter quand on ne connaît personne que la famille Benoît, qui n'aime en fait de théâtre que les *ombres chinoises* ou les figures de cire !

Ah ! monsieur, vous voyez que j'ai bien besoin de conseils, d'appui, et votre âge, votre figure m'ont inspiré assez de confiance pour que je désire avoir aussi vos avis.

— Mademoiselle ! dit monsieur Alexandrin, après avoir écouté la jeune fille sans l'interrompre, votre confiance m'honore ; mais comme une confidence en vaut une autre, je vais d'abord vous dire aussi qui je suis :

Je me nomme Triptolème Érasistrate Alexandrin ; mon aïeul était maître d'école, mon père écrivain public ; moi je donne des leçons d'écriture et de versification, à vingt sous le cachet ; c'est modeste, pourtant j'ai une très-belle main, mais les plumes de fer nous ont fait beaucoup de tort ; avec ces plumes-là tout le monde se mêle d'écrire sans avoir la moindre notion de la *cursive*, de la *bâtarde* ou de la *coulée*.

Cependant j'aurais pu gagner honnêtement ma vie, et ne pas porter mes habits aussi longtemps, si je n'avais pas eu une passion malheureuse, qui m'a trop souvent fait négliger mes élèves ; cette passion, mademoiselle, c'est aussi celle du théâtre.

— Comment, monsieur, vous voudriez être acteur ? dit la jeune fille en réprimant avec peine un sourire un peu moqueur, que pouvait bien faire naître le physique du petit homme.

— Non, mademoiselle, ce n'est pas acteur que je voulais être, c'est auteur, c'est poète... c'est homme de lettres ; je suis bien auteur par le fait, car j'ai déjà terminé au moins trente pièces, tant drames que vaudevilles et tragédies ; mais aucune n'a encore obtenu les honneurs de la représentation ; et cependant, ma chère enfant, ce serait bien étonnant si dans mes trente pièces il n'y avait pas au moins un chef-d'œuvre.

Mais on me repousse, on me rebute, on ne veut pas m'entendre : les coteries, les jalousies de confrères m'empêchent d'arriver jusqu'aux directeurs. C'est égal, je ne me rebute pas, je vais toujours mon train ; j'écris, je versifie, je chansonne ! Je trouve des sujets de pièce dans la moindre des choses... dans une voiture qui en accroche une autre... dans une cheminée qui tombe sur un passant... dans un sergent de ville qui court après un voleur... dans un mari qui trompe sa femme ; dans une femme qui est fidèle à son mari... J'envoie des manuscrits à tous les théâtres depuis l'Opéra jusqu'au Petit-Lazary, depuis *Bobino* jusqu'à la Renaissance.

Dans un mois... dans six semaines je puis avoir huit pièces en répétition ; et vous, vous voyant, mademoiselle, en admirant pour la première fois votre minois sémillant, spirituel et malin, je me suis dit : Quelle charmante jeune première, quelle soubrette de Molière, quel joli page cela ferait ! et je ne vous cacherai pas que cette pensée a été pour beaucoup dans le désir que j'avais de porter votre pot de violette...

— Comment, monsieur, vous êtes auteur !

— Mais tout autant qu'on peut l'être quand on n'est pas imprimé.

— Oh ! que je suis aise de vous avoir rencontré ! monsieur Alexandrin ; vous me donnerez des leçons de déclamation, vous m'écouterez répéter des rôles, vous me direz si c'est bien.

— Très-volontiers, mon enfant, je connais par cœur mes auteurs : *Racine, Voltaire, Molière, Picard...*

— Moi, je ne connais que les pièces de *Victor Ducange* et de M. *Scribe* ; mais j'ai une mémoire excellente : j'apprendrais le rôle le plus long en une nuit !...

— Je vous lirai mes trente pièces, ma chère enfant, vous choisirez dedans les rôles qui vous conviendront le mieux, et je vous les ferai répéter.

Entre un auteur et une actrice en herbe la connaissance est bientôt faite.

L'auteur était un peu vieux, l'actrice un peu jeune, mais l'expérience de l'un devait éclairer l'inexpérience de l'autre. On se mit à table enchanté de s'être rencontré.

Pendant tout le temps que dura le dîner, la jolie Jenny ne cessa pas de déclamer ce qu'elle avait retenu de divers rôles et le vieil Alexandrin de lui conter en détail les intrigues de ses pièces ; ils ne s'écoutaient ni l'un ni l'autre, mais ils étaient très-contents de ce qu'ils se disaient... Dans le monde, c'est presque toujours comme cela que l'on cause.

Vers la fin du dîner, un jeune homme entra dans la chambre tenant dans ses mains un petit sac rempli de pruneaux...

C'était M. Fanfan Benoît, qui venait présenter ses hommages à la jeune enlumineuse dont il était épris, et qui lui faisait la galanterie d'une livre de pruneaux.

Mais au moment où le jeune épicier entrait chez la jolie enlumineuse, celle-ci qui avait vu récemment jouer la pièce de *Paul et Virginie* sur un théâtre de la banlieue, venait de saisir le vieux maître d'écriture par le bras et le faisait courir dans la chambre ; elle avait pris un parapluie qu'elle tenait ouvert sur eux deux, pour imiter la scène de l'orage pendant laquelle Paul et Virginie se cachent sous la robe de cette dernière.

M. Fanfan Benoît demeure un peu surpris de trouver mademoiselle Jenny blottie dans un coin de sa chambre avec un homme, sous un parapluie, il s'approche avec inquiétude, en disant :

— Est-ce qu'il pleut chez vous, mademoiselle ?

Pour toute réponse, le vieux maître d'écriture qui est bien pénétré de son rôle, entraîne la jeune fille à l'autre bout de la chambre en s'écriant :

— C'est M. de la Bourdonnaye ! il vient pour t'emmener, Virginie ! mais on ne t'arrachera pas de mes bras !

M. Fanfan Benoît regarde cette scène d'un air hébété ; mais l'âge de la personne qui se cachait avec mademoiselle Jenny sous un parapluie avait déjà dissipé les inquiétudes du jeune garçon épicier ; et ne redoutant pas un rival dans ce monsieur qu'il voyait pour la première fois, il attendait tranquillement l'explication de ce qui se passait devant lui.

Enfin la scène de *Paul et Virginie* étant achevée, la jeune enlumineuse s'avance vers M. Fanfan Benoît et, lui présentant le vieux monsieur, lui dit :

— Je vous présente M. Alexandrin, auteur.

Le garçon épicier porte ses gros yeux sur les vêtements râpés du petit homme et murmure :

— Auteur..... ah ! auteur..... de quoi vend-on quand on est auteur ?

Mademoiselle Jenny part d'un éclat de rire en disant :

— Voilà une question qui sent bien son épicerie !

— Monsieur, dit le vieil Alexandrin en s'approchant du jeune homme, et fourrant ses doigts dans le sac aux pruneaux que M. Fanfan Benoît présentait alors tout ouvert, monsieur, un auteur ne vend rien !... Moi, par exemple, je n'ai jamais vendu un seul de mes ouvrages.

Mais un auteur procure mille jouissances à ses concitoyens ; il les fait doucement rêver... il les fait rire ou pleurer ; il les amuse enfin. Le pis qu'il puisse faire c'est de les endormir ; mais alors même, c'est encore une jouissance qu'il leur procure, car c'est une excellente chose que le sommeil.

Vous voyez donc bien qu'un auteur est un homme précieux, un homme presque divin. Aussi, jadis on leur élevait des autels !... maintenant ils préfèrent acheter des maisons, c'est moins glorieux, mais c'est plus solide...

— Ah ! ils achètent des maisons, répond Fanfan Benoît en considérant toujours l'habit percé du petit vieillard, alors c'est un bon état ; si j'avais su je l'aurais pris. C'est égal, mademoiselle Jenny, voici une livre de pruneaux, première qualité, que je vous apporte de la part de mon père... de Tours, bien sucrés... qui m'a chargé de vous dire qu'il vous attendait à dîner demain, afin de causer de notre futur mariage, parce qu'il veut terminer cette affaire là et se retirer du commerce en me laissant sa boutique et son fonds.

— Monsieur Fanfan, répond la jeune fille en roulant plusieurs images qui doivent illustrer les contes *de ma Mère l'Oie*, si c'est pour cela que M. votre père vous envoie, il était inutile de vous déranger ; je ne veux ni de vous ni de vos pruneaux. Je ne serai pas épicière, je serai actrice.

Au lieu de passer ma vie dans un comptoir à rendre de la monnaie aux bonnes du quartier, je brillerai sur un théâtre !... Je serai lorgnée, applaudie, encensée, claquée ; on parlera de moi dans les journaux...

Ah ! sentez-vous quel plaisir, quelle gloire !

Mon nom sera sur les affiches, je pourrai le lire cent fois par jour, à chaque coin de rue... Monsieur que voilà et qui s'y connaît, m'a dit que j'avais un physique de jeune première, de soubrette, de page !...

Monsieur me donnera des leçons, il m'apprendra à déclamer, il me fera répéter mes rôles... Ah ! cela vaut bien mieux que de vendre du sucre et du café. Ainsi très-décidément je ne vous épouserai pas.

Après avoir dit ces mots, la jolie enlumineuse prend son rouleau et sort en s'écriant :

— Adieu, monsieur Fanfan, je vais reporter mon ouvrage et acheter trois pièces dans lesquelles je veux jouer.

Monsieur Alexandrin, attendez-moi, vous me donnerez ma première leçon...

IV

La jeune fille est partie, le garçon épicier semble pétrifié, et le vieil Alexandrin continue de prendre des pruneaux dans le sac, tout en lui disant :

— Mon cher ami, il ne faut jamais s'opposer aux vocations ; quand on a une vocation bien décidée, c'est qu'on doit avoir un grand talent. Voyez-moi ! j'étais né homme de lettres... si je n'étais pas obligé pour vivre de donner des leçons d'écriture, mon nom serait déjà fameux ; enfin cela viendra !...

Oh ! les beaux-arts. Quand on est artiste, il faut céder à ce feu qui coule dans nos veines ; et d'ailleurs : *Naturam expellas furca, tamen usque recurret...* Mais pardon, je vous parle latin et ce n'est pas votre partie... Vos pruneaux sont excellents...... j'en mangerais comme cela une livre sans m'en apercevoir...

Le jeune homme ne s'apercevait pas non plus que l'on vidait son sac, il n'entendait à peine ce que le vieux monsieur lui disait; atterré par les paroles de mademoiselle Jenny, il est resté long-sans pouvoir prononcer un mot.

Enfin, après avoir poussé un gros soupir et passé sa main sur temps ses yeux, il s'écrie :

— Qu'elle soit heureuse, c'est tout ce que je désire... Moi, je croyais qu'elle aurait pu l'être à la tête d'une bonne boutique qui prospère, mais puisque ça ne lui plaît pas... elle est sa maîtresse. Adieu, monsieur ! ...

Et le jeune Fanfan Benoît s'éloigne brusquement, au grand regret du vieux poète qui aurait voulu finir le sac de pruneaux.....

Mademoiselle Jenny ne tarde pas à rentrer; elle apporte plusieurs pièces de théâtre; elle choisit des rôles, elle récite ceux qu'elle sait déjà; enfin, le vieil Alexandrin lui donne une première leçon et ne la quitte qu'en lui promettant de revenir le lendemain et de la faire encore répéter.

Le petit vieillard tient sa promesse; pendant quinze jours il ne manque pas d'aller tous les matins chez la jeune enlumineuse, qui néglige d'enluminer *Cendrillon* et le *Juif errant* pour étudier des vaudevilles et des drames.

— Cela ira ! disait le vieil auteur, vous faites des progrès; vous prononcez mieux, vous avez plus de feu, de sentiment ! ... encore une année de leçons, et vous serez en état de débuter rue Chantereine; c'est là, maintenant, où commencent toutes les gloires dramatiques...

— Encore un an ! s'écriait Jenny, ah ! c'est trop long, je ne veux pas attendre ce temps-là... Un an..... mais pourquoi donc éloigner ainsi l'époque de mes débuts?...

— Prenez garde, ma chère enfant, en allant trop vite vous risquez de compromettre votre succès?

— Ne m'avez-vous pas dit que j'avais un physique charmant pour la scène...

— Oui, votre physique est très-bien; mais cela ne suffit pas; la beauté est beaucoup chez une actrice, mais elle ne tient jamais entièrement lieu de talent.

Je pourrais, à l'appui de ce que j'avance, vous citer quantité d'exemples... mais je ne vous les citerai pas, parce que je ne veux pas me mettre mal avec aucune actrice... et surtout avec celles qui sont jolies.

Mademoiselle Jenny prenait une grande confiance en elle-même, et commençait à se croire aussi forte que son professeur, lorsque le vieil Alexandrin, saisi un beau jour d'un rhumatisme aigu, se vit obligé de garder la chambre au lieu d'aller donner des leçons.

Un mois s'écoula, sans qu'il fût possible au petit vieillard de quitter son modeste réduit; mais ne croyez pas que ce temps parût lui être long au pauvre maître d'écriture : assis dans son méchant fauteuil de paille, au coin d'une cheminée qui fumait au lieu de chauffer, le vieil Alexandrin faisait des vers, il écrivait une scène ou une chanson.

Les Muses ne l'abandonnaient pas; elles lui tenaient fidèle compagnie, et dans leur société on ne s'ennuie jamais. Si elles ne nourrissent pas toujours le corps, du moins elles occupent toujours l'esprit, et ceux qu'elles traitent le plus mal se trouvent encore heureux d'avoir quelque commerce avec elles. Ce sont des maîtresses qui nous tiennent rigueur quelquefois, quoique nous fassions pour elles les plus grands sacrifices ! ... mais que nous ne pourrions jamais nous résoudre à quitter, parce qu'il y a encore des charmes dans les tourments qu'elles nous font éprouver.

Dès qu'il fut en état de marcher, monsieur Alexandrin se rendit rue de la Harpe, à la demeure de la jolie enlumineuse.

Il lui tardait de revoir son élève, dont il n'avait pas entendu parler depuis sa maladie; mais il ne pouvait accuser la jeune fille d'indifférence à son égard, car n'ayant jamais songé à lui donner son adresse, elle n'avait pu aller s'informer de sa santé.

Monsieur Alexandrin monte les six étages; il n'y avait pas de portier dans la maison, il fallait donc courir le hasard de ne trouver personne. Il frappe à la porte de Jenny.

On ouvre : mais au lieu de la jeune et jolie enlumineuse, c'est un gros homme en tablier qui se présente, tenant à la main un pantalon et une aiguille.

— Que désirez-vous? demande le gros homme au vieil Alexandrin.

— Ce que je désire... mais pardieu ! ... c'est la maîtresse du logis que je désire.

— Mon épouse, avance un peu ici... voilà un vieux bonhomme qui te désire; est-ce que tu lui as pris mesure en mon absence pour un pantalon, ou une redingote? le fait est qu'il a besoin de se remettre à neuf.

Une femme âgée, à la figure revêche, s'avance alors près de la porte, regarde le vieillard et s'écrie :

— Je ne connais pas monsieur, je ne l'ai jamais vu... qu'est-ce qu'il me veut? Qu'est-ce que vous me voulez, monsieur?

M. Alexandrin est tout interdit : il regarde encore la porte, l'escalier, et murmure :

— Est-ce que je ne suis pas ici au sixième étage?

— Si fait, vous y êtes, et chez M. Witchmann, tailleur pour homme dans le neuf et dans le vieux... Qu'est-ce qu'il faut vous faire?

— Ah çà ! mais je n'y comprends rien ; quand je suis venu ici, il y a un mois environ, cette chambre était habitée par une jeune demoiselle, une enlumineuse nommée Jenny.

— Ah ! oui... c'est juste, il y a un mois c'était un autre locataire, mais à présent c'est moi, Witchmann, tailleur ; voyons, vous faut-il une redingote, un habit?

— Oh ! certainement une redingote ou un habit ne me ferait pas de peine. Mais, je vous répète, ce n'est pas un tailleur que je cherche, c'est mademoiselle Jenny, enlumineuse.

— On vous dit qu'elle ne demeure plus ici depuis quinze jours au moins.

— Alors où loge-t-elle? elle a dû laisser son adresse : les jeunes filles, cela n'a pas de créanciers et ça laisse toujours son adresse.

— C'est juste, elle l'a laissée. Mon épouse, qu'as-tu fait de l'adresse de la jeune fille qui occupait cet appartement?

— Comment..... quoi? est-ce que je l'ai eue, moi, cette adresse ! ..

— Je l'avais écrite sur une carte... sur la dame de carreau, je m'en souviens.

— La dame de carreau ! ah bien ! je l'ai donnée hier à Toinette pour jouer; elle en a fait un capucin, et puis elle l'a brûlée...

— Monsieur, vous l'entendez, notre fille a fait un capucin de l'adresse qu'on nous avait donnée... j'en suis bien fâché ! mais ça ne m'empêcherait pas de vous faire un habit bien conditionné si vous vouliez.

— Eh ! non, monsieur, je n'en veux pas ! s'écrie le vieux professeur, en redescendant l'escalier avec colère.

Quand on a une adresse, on ne la perd pas, on ne la donne pas à sa fille pour qu'elle en fasse un capucin... Où trouver mon élève à présent, ce Paris est si grand ! Pauvre jeune fille, privée de mes leçons, elle ne fera plus de progrès, et c'est dommage...

Je m'intéresse à cette jolie petite Jenny. Diable de tailleur, va ! pourquoi a-t-il donné la dame de carreau à son enfant?

Le petit vieillard essaye d'avoir quelques renseignements dans le quartier; mais à Paris quinze jours sont quinze siècles ! Le temps y amène si vite des changements, des événements, des revirements, qu'une personne que l'on n'a pas vue depuis quinze jours est bien souvent un être oublié, dont la mémoire a peine à retrouver quelques souvenirs.

Ne pouvant savoir ce que la jolie enlumineuse est devenue, le vieux maître d'écriture se dit : Prenons que ce fut un rêve de ma vie, et ne pensons plus à cette jeune fille ; quand il ne reste plus rien d'une aventure, il est toujours possible de la considérer comme un rêve.

Et cinq mois s'écoulèrent encore pendant lesquels le petit vieillard continua de donner des leçons d'écriture pour vivre, et de composer des pièces pour s'amuser.

Mais sa passion pour les belles-lettres ne l'empêchait point d'aimer aussi les fleurs ; et la violette était toujours celle pour laquelle il avait le plus de prédilection, préférence qui, du reste, s'accordait parfaitement avec la médiocrité de ses moyens, et qu'il lui était par cela même facile de satisfaire.

Un jour, se trouvant près du boulevard Saint-Martin, M. Alexandrin se rappela qu'il y avait aussi un marché aux fleurs dans ce quartier ; c'était justement un lundi ; en se dirigeant du côté du Château-d'Eau, il aperçut bientôt des myrtes, des œillets et toutes les fleurs de l'époque étalées dans la contre-allée du boulevard, les amateurs se promenant au milieu des pots ou des caisses, et les marchandes invitant les passants à leur acheter...

Monsieur Alexandrin entre dans le chemin réservé entre les fleurs, il suit le monde, s'arrête, regarde, respire avec délices le parfum d'un oranger ou la douce odeur du jasmin.

Mais revenant bientôt à son unique passion, il cherche des yeux un pot de violette. Il en aperçoit enfin, et s'approchant de la marchande, se dispose à offrir son prix, lorsqu'à quelques pas de lui, une dame, mise assez coquettement, s'arrête et demande le prix d'un joli rosier à tige.

La voix de cette dame a frappé monsieur Alexandrin, il s'approche, avance la tête, et sous un chapeau à la mode, retrouve la jolie figure de mademoiselle Jenny.

Un cri de surprise échappe au petit vieillard.

Mademoiselle Jenny se retourne, l'aperçoit, le reconnaît aussi, et lui dit :

— Quoi ! c'est vous, mon cher professeur, ah ! que je suis contente de vous revoir. Je vous croyais mort.

— Je puis vous certifier que je n'en ai jamais eu l'envie : mais j'admire le hasard qui me fait vous retrouver où je vous ai vue la première fois, au milieu des fleurs ! au fait, si j'avais réfléchi, c'est là où j'aurais dû vous chercher.....

— Toujours galant, mon cher professeur ! Mais j'ai bien des choses à vous conter... voulez-vous m'accompagner chez moi ?

— Volontiers : ce n'est plus rue de la Harpe au sixième ; car je vous y ai cherchée en vain.

— Non, je suis à deux pas d'ici, de l'autre côté du boulevard, et je ne loge qu'au troisième.

— Permettez-moi alors d'être encore votre porteur, car vous venez d'acheter ce rosier...

— Quoi ! vous voulez...

— Cela me fera plaisir : j'ai la prétention d'être encore bon à quelque chose...

— Eh bien ! puisque vous voulez avoir cette complaisance, prenez donc ce rosier, et venez avec moi.

Monsieur Alexandrin prend le rosier ; mais cette fois la complaisance était plus lourde, le petit vieillard le sentit, tout en marchant près de son élève.

Le rosier était beau et grand ; le vieux maître d'écriture suait à grosses gouttes en le portant, et ne pouvait s'empêcher de faire des réflexions et de se dire en lui-même :

— Diable ! six mois ont amené de grands changements, à ce que je vois ; d'abord, la toilette n'est pas du tout la même ; mademoiselle Jenny était mise très-simplement, comme une modeste ouvrière ; aujourd'hui on a un chapeau, une robe à volants, un joli châle ; on loge au troisième, et on achète des rosiers à tige... Hum !... qu'est-il donc arrivé depuis six mois ?

Je sais bien qu'il ne faut pas tant de temps à Paris pour amener de grands changements dans la position d'une personne... surtout quand cette personne est une jeune fille bien tournée et qui a de beaux yeux.

Mademoiselle Jenny s'arrête devant une jolie maison du boulevard ; elle entre, Alexandrin la suit. Cette fois ce n'est plus à tâtons et en cherchant une rampe pour se guider ; l'escalier est clair et bien frotté.

On arrive sans fatigue au troisième étage, et là, le vieux professeur est introduit dans un petit appartement fort gentiment meublé.

— Mettez ce rosier sur cette console et asseyez-vous dans ce fauteuil, dit Jenny en ôtant son châle et son chapeau... Maintenant, mon cher professeur, nous allons causer.

Vous devez être bien surpris du changement qui s'est opéré dans ma position ; mais vous le serez bien davantage lorsque je vous dirai que je suis actrice, que je joue à un des théâtres voisins.....

— Actrice... vous... Comment, ma chère amie, vous avez débuté... vous êtes engagée...

— Oui, oui, je suis engagée, et pour jouer les premières amoureuses ou les ingénues, à mon choix.

— Ah ! mon Dieu ! je n'en reviens pas !

— Voilà comment tout cela s'est fait. Peu de jours après que vous eûtes cessé de venir...

— J'avais un rhumatisme aigu...

— Pauvre homme ! Moi, n'y pouvant plus tenir, je fis part à une de mes amies du désir que j'avais de jouer au théâtre de la rue Chantereine. Je savais qu'elle connaissait un monsieur qui voulait se faire acteur et montait souvent des parties de spectacle ; elle parla de moi, me présenta, je fus accueillie, je répétai... on trouva que j'avais de grandes dispositions...

— Vous aviez donc bien retenu mes leçons ?

— Apparemment ! Enfin la partie eut lieu. Je jouai dans deux pièces. J'eus un succès colossal ; et le soir même, un monsieur, qui est, je crois, journaliste, parla de moi à un directeur ; on me pria de jouer une seconde fois, on vint me voir, et je fus engagée avec deux mille cinq cents francs d'appointements... deux mille cinq cents francs ! j'espère que c'est joli pour commencer ; cela vaut déjà mieux que d'enluminer *Barbe Bleue* et le *Petit Poucet*...

Ah ! que j'ai bien fait de céder à ma vocation ! de vous prier de me donner des leçons de déclamation, et surtout de refuser la main de monsieur Fanfan Benoît ! Je suis si heureuse... si contente ! et si ce n'était les tracasseries de coulisses, les jalousies de camarades, les méchancetés des unes, les médisances des autres !

Oh ! mais ce n'est rien, je m'y accoutumerai, et décidément le théâtre est un état charmant.

— Allons, ma chère élève, je suis bien satisfait que vous ayez réussi ; mais je vous avoue que j'aurais surtout un grand plaisir à vous voir jouer.

— Eh bien ! vous pouvez me voir ce soir... je joue justement un rôle nouveau. Il faut venir... je demanderai une entrée pour vous, vous n'aurez qu'à dire votre nom à la porte et on vous placera. Tenez, voilà mon théâtre, vous le voyez d'ici...

— Oh ! je vous remercie ! Je ne manquerai pas d'y aller ce soir.

— Et demain matin venez déjeuner avec moi. Vous me direz si vous avez été content, et vous me conterez tout ce qu'autour de vous, dans la salle, vous aurez entendu dire de moi...

— C'est une chose convenue. Ce soir je vais vous voir jouer ; et demain je viens déjeuner avec vous...

Alexandrin quitte Jenny en se frottant les mains avec joie ; il est enchanté d'avoir retrouvé son élève, et se promet un grand plaisir à la voir jouer le soir.

Le vieux professeur se donne à peine le temps de dîner il arrive au spectacle en même temps que la garde et les pompiers ; il n'y a personne que lui à la porte, c'est égal ; il s'obstine à faire queue.

Enfin on ouvre ; il entre, se nomme : on le place à l'orchestre ; il est le premier dans la salle.

Cependant le monde arrive, et parmi les personnes qui se placent autour de lui, le petit vieillard croit retrouver une figure de connaissance ; cette figure appartient à un jeune homme dont la tournure est niaise, l'air étonné, dont la mise n'a rien de celle d'un fashionable, et qui de temps à autre tire de sa poche quelque chose qu'il porte à sa bouche, casse avec ses dents et avale nonchalamment, et comme par manière de distraction.

Monsieur Alexandrin a reconnu le fils de l'épicier, l'amoureux de Jenny, Fanfan Benoît enfin, et il quitte sa place pour aller s'asseoir à côté de lui, enchanté de rencontrer quelqu'un avec qui il pourra parler de son élève.

— Eh bien ! jeune homme, vous saviez donc qu'elle était actrice à ce théâtre, et sans doute vous venez pour la voir jouer, pour assister à ses succès ? dit le petit vieillard en s'adressant à Fanfan Benoît.

Le jeune homme regarde pendant quelque temps celui qui vient de lui adresser la parole, puis il s'écrie :

— Ah ! je vous reconnais maintenant ! c'est vous que j'ai trouvé un matin chez mademoiselle Jenny, caché avec elle sous un parapluie.

— Précisément, c'est moi ; nous répétions une scène ; je suis son premier professeur ; c'est moi qui ai découvert en elle le feu sacré... qui l'ai décidée à se mettre au théâtre.

— Ah ! vous avez découvert son feu sacré ?...

— Cela veut dire que j'ai reconnu en elle une vocation véritable, un talent inné, tout ce qu'il faut pour réussir... Qu'est-ce que vous mangez donc là, jeune homme ?

— Oh ! ce sont des amandes... des raisins secs... c'est pour passer le temps pendant l'entr'acte...

— C'est juste, cela fait passer le temps, cela amuse...

Nous allons la voir jouer, cette charmante fille..... nous allons jouir de son triomphe, car il paraît qu'elle va très-bien...

Mais on est long à commencer... Donnez-moi donc quelques raisins secs... cela m'occupera aussi.

— Volontiers, monsieur... Tenez, fouillez à ma poche gauche ; ne vous gênez pas.

Le maître d'écriture ne se fait pas prier ; il plonge une de ses mains dans la poche de Fanfan, la retire pleine, et tout en avalant des grains de muscat, reprend la conversation.

— Vous aimiez mademoiselle Jenny, jeune homme ?

— Oui, monsieur, et il me semble que je l'aime encore.

— Il vous semble... vous n'en êtes donc pas sûr !...

— Dame, monsieur... je tâche de ne pas en être sûr !...

Cette réponse est accompagnée d'un gros soupir.

Monsieur Alexandrin se sent attendri, mais il se contente de se moucher et reprend la conversation.

— Vous vouliez l'épouser, cette jolie Jenny..... il est très-bon, votre raisin... Vous auriez été content de la nommer votre femme ?

— Oui, monsieur, je croyais bêtement que cela ferait son bonheur.

— Bêtement est un peu dur, mais enfin, puisque le mot vous est échappé, permettez-moi de vous dire qu'il y aurait eu au moins de l'égoïsme de votre part à empêcher cette jeune fille de suivre la carrière brillante qui lui est ouverte. Voyez comme en peu de temps sa position a changé, elle a un mobilier très à la mode...

— Ah ! bah !... déjà !... Et c'est aussi le théâtre qui lui a donné des meubles ?

Monsieur Alexandrin ne répondit pas ; il trouva que pour un épicier, le jeune Fanfan faisait une réflexion assez insidieuse, et, afin de changer le cours de la conversation, il replongea sa main dans la poche aux quatre mendiants en s'écriant :

— Vous avez eu bien raison de mettre de ces babioles dans vos poches, car on est bien lent à commencer.

— Après tout, dit Fanfan Benoît en poussant un gros soupir, si c'est pour le bonheur de mam'selle Jenny ; si elle doit en effet devenir un grand talent... faire fortune au théâtre... certainement... je dirai qu'elle a bien fait de ne pas me prendre pour mari... mais, dans le cas contraire...

— Chut ! jeune homme, on a frappé les trois coups...

On commence le spectacle ; mais Jenny ne jouait pas dans la première pièce ; elle n'était que de la seconde ; c'était une pièce que l'on allait jouer pour la première fois, et le public, curieux de connaître le nouvel ouvrage pour lequel il est venu, apporte alors très-peu d'attention à ce qu'on lui donne auparavant.

Monsieur Alexandrin et son voisin étaient aussi fort impatients, mais l'actrice qu'ils brûlaient d'entendre ; c'était Jenny Desgrillon qu'ils brûlaient de voir paraître.

Enfin la pièce nouvelle commence, et bientôt Jenny entre en scène ; elle faisait un rôle de jeune fermière ; son costume était charmant, et elle paraissait encore plus jolie.

De tous côtés on entendait dire :

— Elle est fort gentille, cette actrice...

— C'est une jolie femme.

— Elle marche mal, disaient d'autres personnes, elle ne sait pas se tenir.

— Oh ! c'est égal, c'est une jolie femme.

Fanfan Benoît ne disait rien, mais il n'avait pas assez de ses yeux pour contempler Jenny ; quant au vieil Alexandrin, il tressaillait sur sa banquette, et de temps à autre ne pouvait s'empêcher de dire à demi-voix :

— Arrondissez donc le bras gauche... la tête plus en arrière... Ah ! mon Dieu ! elle ne se rappelle pas ce que je lui ai dit cent fois ! qu'elle tendait trop le cou !... et qu'elle se retournait mal......

Au théâtre comme dans le monde, c'est un grand talent de bien savoir se retourner.

Le premier acte se joue, et Jenny remplit son rôle ; mais la nouvelle pièce était mauvaise et l'actrice n'était pas bonne ; souvent elle manquait de mémoire ; quelquefois elle barbouillait en voulant parler avec chaleur.

On commençait à murmurer ; au bout de quelque temps, on siffla.

— Ce n'est pas l'actrice que l'on siffle, dit le vieil Alexandrin à son voisin, c'est la pièce.

— Ah ! je ne sais pas, répond Fanfan Benoît ; mais il me semble que mam'selle Jenny n'est pas à son aise non plus.

En effet, Jenny, peu habituée encore à supporter la mauvaise humeur du public, se troublait, se trompait et perdait totalement la tête.

Bientôt les sifflets partirent de tous les points de la salle, et la toile tomba au milieu d'un tumulte épouvantable pendant lequel l'actrice semblait prête à se trouver mal.

Monsieur Alexandrin ne disait plus rien ; mais tout le monde s'en allait, et Fanfan Benoît, qui était sorti avec le vieux professeur et marchait près de lui sur le boulevard, lui dit enfin :

— Monsieur, est-ce que c'est là ce que vous appelez un succès ? Je vous dirai que, pour mon compte, je ne veux plus assister aux triomphes de mam'selle Jenny ; ça me fait trop de mal !...

S'il n'y avait eu qu'un ou deux siffleurs, je les aurais battus pour les faire taire... mais il y en avait trop ; je ne pouvais pas me battre avec toute la salle.

— Mon cher ami, dit Alexandrin, je vous répète que c'est la pièce que l'on a sifflée.

Ce n'est pas la faute de cette pauvre Jenny, si elle a un rôle détestable ! ce n'est pas elle qui a fait son rôle... c'est l'auteur qui est le coupable.

— Oh ! c'est égal, monsieur, je ne m'y connais pas, mais il me semble que mam'selle Jenny était bien embarrassée pour dire son rôle ; décidément je n'irai plus au spectacle quand elle jouera.

Bonsoir, monsieur ; je suis bien fâché que vous ayez découvert que mam'selle Jenny avait le feu sacré...

Fanfan Benoît quitte monsieur Alexandrin et celui-ci rentre chez lui en se disant :

— Il est certain que cette jeune fille a débuté trop tôt ; il lui aurait fallu encore au moins un an de mes leçons.

Le lendemain, le petit vieillard ne manque pas de se rendre chez son élève.

Il trouve Jenny triste, malade, chagrine ; elle le fait asseoir devant une table sur laquelle est servi un déjeuner auquel elle ne touche pas ; mais pendant que le vieux professeur y fait honneur, elle l'accable de questions :

— Que disait-on de moi hier dans la salle ?

— On disait que la pièce ne valait rien.

— Et de moi ?

— On trouvait votre costume très-joli..... le bonnet surtout..... Ah ! quel délicieux bonnet !

— Mais de mon jeu... de mon talent ?

— On disait qu'avec des coupures ça pourrait peut-être se relever.

— Mais de moi ? monsieur, vous ne répondez jamais à ma question.

— Ah ! ma chère amie, que voulez-vous qu'on dise d'une actrice qui joue dans une pièce qui tombe..... on la plaint, c'est tout ce qu'on peut faire, et on vous plaignait beaucoup..... et surtout ce pauvre Fanfan Benoît, vous savez...... ce jeune épicier qui voulait vous épouser... avec des prunaux...

— Comment ! il était au spectacle ?

— Oui, tout à côté de moi. Il aurait voulu battre les siffleurs, mais il y en avait trop.

— Ah ! monsieur Alexandrin, quelle soirée ! je n'en pouvais plus, je ne voyais plus clair, j'étouffais... Moi, qui jusqu'alors avais été assez favorablement accueillie.

Ah ! grand Dieu ! tout n'est pas rose au théâtre !... je le vois bien maintenant.

— Ma chère amie, si au théâtre tout était rose, le genre humain se ferait acteur, et on ne trouverait même plus quelqu'un pour souffler ; mais il faut du courage, il faut savoir supporter un échec.

Ensuite, tenez, entre nous, permettez-moi de vous le dire, il vous faudrait encore des leçons, oh ! cela vous est indispensable... Il y a de ces choses que vous sentez bien, mais que vous rendez mal, et au théâtre il faut avant tout se faire comprendre.

Mademoiselle Jenny se pinçait les lèvres, elle fronçait légèrement le sourcil ; enfin il lui échappait des mouvements d'impatience : elle n'écoutait plus le vieil Alexandrin que d'un air fort distrait.

Au bout d'un moment elle se leva en disant :

— Mille pardons, mon cher monsieur Alexandrin, je ne vous renvoie pas... mais cependant, j'ai affaire ce matin... il faut que j'aille à une répétition...

— Ah ! très-bien ; je comprends ! Probablement des raccords pour la pièce d'hier ?

— Oui, c'est possible.

— En ce cas, adieu, ma chère élève, je vous laisse. Quand voulez-vous que je revienne vous donner des leçons ?

— Mais je ne sais pas. Au reste, maintenant j'ai votre adresse, et je vous le ferai dire dès que j'aurai le temps.

— Très-bien..... Et puis moi-même je reviendrai vous voir..... Vous le permettez ?

— Oui, sans doute. Au revoir, monsieur Alexandrin.

Et la jeune actrice congédie le vieillard, qui s'en retourne chez lui en se frottant les mains, parce qu'il avait fort bien déjeuné, et qu'il se flattait qu'en donnant leçon à Jenny il déjeunerait souvent ainsi ; monsieur Alexandrin était un peu gourmand, c'est assez le défaut des poètes.

Huit jours s'écoulèrent ; le vieux professeur attendait toujours que mademoiselle Jenny lui fît dire de passer chez elle pour lui donner des leçons ; mais n'entendant pas parler de son élève, il se décide à se rendre chez elle.

Il demande au portier mademoiselle Jenny Desgrillon ; et le portier, après avoir examiné quelque temps le petit vieillard, lui dit :

— Mademoiselle Jenny n'y est pas.

— Alors je reviendrai un autre jour ; mais veuillez lui dire que monsieur Alexandrin est venu et qu'il attend de ses nouvelles avec impatience ; vous entendez, avec la plus grande impatience.

Le portier répond à peine. Ces gens-là ont l'habitude d'être peu polis avec les habits râpés.

Monsieur Alexandrin s'éloigne en se disant :

— Je suis bien certain que demain elle m'enverra chercher ; mais le lendemain se passe comme les jours précédents.

Le vieil auteur retourne plusieurs fois chez celle qui fut son élève, et le portier lui dit toujours :

— Madame est sortie, ou Madame n'est pas visible.

Le vieil Alexandrin avait de la fierté dans le caractère, et, un beau jour, il répondit avec colère au portier :

— Mademoiselle Jenny devrait toujours être visible pour moi, son professeur, pour moi, qui ai dirigé ses premières études dramatiques et qui aurais fait de cette jeune personne une *Mars* ou une *Georges*, si elle avait voulu m'écouter ; mais elle ne m'a pas assez écouté. Désormais, portier, dites à mademoiselle Jenny que je ne me présenterai plus chez elle ; si elle désire me voir elle sait mon adresse ; elle viendra à mon domicile ; on ne se compromet pas en venant chez moi.

Pour toute réponse, le portier ferma le carreau de sa loge sur le nez du petit vieillard, et celui-ci s'en retourna chez lui sans se frotter les mains cette fois, et en se disant :

— O les femmes ! les femmes ! *Caton* soutenait que la sagesse et la raison étaient incompatibles avec leur esprit, et *Catulle* prétend que les serments des belles sont gravés sur l'haleine des vents et la surface des ondes. Désormais je serai de l'avis de *Catulle* et de *Caton*. J'aurais dû aussi me rappeler ce vers de *Virgile*, que j'ai si souvent répété :

Varium et mutabile semper femina.

Mais on apprend ces choses-là par cœur... et c'est le cœur qui les oublie le plus vite !

Le temps s'écoula ; M. Alexandrin n'entendait plus parler de mademoiselle Jenny.

Fidèle à la détermination qu'il avait prise, il n'était pas retourné chez elle ; cependant, comme dans le fond de son cœur le petit vieillard portait toujours de l'intérêt à cette jeune personne, toutes les fois qu'il sortait, son premier soin était d'aller regarder les affiches de spectacle ; il cherchait d'abord le théâtre où Jenny était engagée, et lisant avec attention l'affiche, désirait y trouver le nom de celle qu'il nommait encore son élève.

Mais le nom de Jenny Desgrillon ne se trouvait jamais parmi ceux des autres actrices.

— C'est bien singulier ! se disait Alexandrin, elle joue donc bien rarement ; peut être est-elle maintenant à un autre théâtre.

Et le vieux professeur avait la patience de lire tous les noms écrits sur chaque affiche de spectacle ; mais celui de Jenny Desgrillon n'était sur aucune.

— Elle a probablement pris un nom de théâtre, se dit Alexandrin, elle aura trouvé que le sien était trop simple. Pauvre petite, ce n'est pas le nom qui fait le talent, c'est le talent qui illustre le nom. Elle aurait dû se rappeler cependant que celui de *Jenny* porte bonheur au théâtre et que deux actrices de ce nom ont, à juste titre, conquis les suffrages du public.

V

Six mois s'écoulèrent. M. Alexandrin pensait quelquefois à la jolie Jenny de la rue de la Harpe, qu'il préférait à celle du boulevard Saint-Martin ; mais il n'allait plus aussi souvent lire les affiches de spectacle.

Un jour que le temps était beau, le vieux maître d'écriture, après avoir donné quelques leçons de bâtarde et de cursive, avait poussé sa promenade le long des boulevards et était arrivé jusqu'à la Madeleine, devant le marché aux fleurs.

Il admire cette jolie promenade, cette position vaste, aisée, et à l'abri des voitures; mais il est surpris de voir si peu de monde dans le marché, où, à la vérité, il y a moins de fleurs que sur le quai, mais qui est encore assez bien fourni pour que l'on puisse y trouver de quoi garnir une corbeille, ou renouveler une jardinière.

Monsieur Alexandrin se promenait depuis quelque temps dans le marché de la Madeleine; après avoir admiré quelques arbustes de prix, suivant son habitude il cherchait un petit pot de violette.

Mais au marché de la Madeleine les fleurs communes sont rares, et le vieux professeur n'avait pas encore trouvé ce qu'il cherchait, lorsqu'une calèche élégante s'arrêta devant le marché ; une jeune femme, vêtue avec une grande recherche, descendit de la voiture et vint se promener au milieu des fleurs.

Cette jeune femme, dont un chapeau de paille d'Italie cachait un peu les traits, s'arrêtait de temps à autre devant les marchandes, et semblait ne rien trouver d'assez beau pour fixer son choix.

Enfin un superbe camélia attire les regards de la petite maîtresse, et elle s'approche pour le marchander. Le vieil Alexandrin était alors tout près du camélia, derrière lequel il lui avait semblé apercevoir un modeste pot de violette; tout à coup une voix qui lui est bien connue frappe son oreille, il se tourne, regarde la dame élégante et pousse un cri de surprise, il venait de reconnaître Jenny Desgrillon.

De son côté la jeune femme a reconnu le petit vieillard, elle lui sourit et lui tend la main en lui disant :

— Il paraît que nous devons nous retrouver sur tous les marchés aux fleurs de Paris...

— Oui... on dirait que cela est écrit dans notre destinée.

— Je parie que vous venez acheter votre petit pot de violette, dit Jenny en souriant.

— En effet... c'est cela que je cherchais... je suis constant, moi, mais vous... c'est un superbe camélia que vous achetez aujourd'hui... je ne puis plus vous disputer la fleur de votre choix... nous n'achetons plus la même chose maintenant ! Mais je vois que chez vous... cela va toujours... comme chez *Nicolet.*

— Mon cher monsieur Alexandrin, je suis sûre que vous êtes fâché contre moi et au fait j'avoue que j'ai eu des torts... Voulez-vous faire la paix?

— On ne garde jamais rancune à une jolie femme; permettez-moi de porter votre camélia... vous savez bien que c'est mon emploi.

— J'y consens, à condition que vous monterez avec moi dans ma voiture et que vous m'accompagnerez chez moi.

Pour toute réponse, le petit homme prend le camélia qui était dans une belle caisse; c'était un poids un peu lourd pour un homme de l'âge de monsieur Alexandrin, mais l'amour-propre double ses forces, et le vieillard mettait de l'amour-propre à être encore le porteur de mademoiselle Jenny.

Heureusement pour monsieur Alexandrin la calèche était à deux pas.

On y arrive, la jeune femme y monte, le vieillard semble un instant indécis; mais Jenny lui tend la main, un laquais lui prend son camélia, puis l'aide à monter; et le pauvre professeur ne sait pas encore où il en est, en se sentant rouler dans une belle voiture et assis devant une femme qui porte des plumes et un cachemire.

On arrive bientôt devant une belle maison de la rue d'Antin, la calèche entre dans la cour; cette fois un laquais porte le camélia, ce dont monsieur Alexandrin n'est nullement fâché, et il suit la jolie femme qui fait entrer dans un appartement au premier.

Là, tout est coquet, élégant, fastueux.

Après avoir traversé un salon meublé avec luxe, on arrive dans un boudoir tendu en soie, en cachemire, où de riches portières cachent les portes, où des glaces répètent tout ce qui se passe.

Jenny fait signe au petit vieillard de s'asseoir sur un divan auprès d'elle, et monsieur Alexandrin qui ne peut se lasser de considérer tout ce qui l'entoure, ne s'assied que sur le bord du divan, en murmurant :

— Ah! çà, mais!... c'est magnifique ici, c'est superbe! A quel théâtre êtes-vous donc attachée maintenant, ma chère demoiselle Jenny?

— D'abord, je ne suis plus mademoiselle Jenny; on me nomme maintenant madame de Saint-Eugène, c'est plus convenable.

— Oh! oh!... madame de Saint-Eugène! en effet c'est plus ronflant ce nom-là.

— Ensuite je ne suis plus au théâtre, je ne suis plus actrice; j'ai renoncé à une carrière où il faut supporter mille ennuis, mille désagréments avant d'obtenir quelques succès, que la jalousie, la critique vous disputent sans cesse.

Vous vous rappelez, mon cher professeur, cette première représentation d'une pièce qui tomba et dans laquelle je jouais?

— Oui, parfaitement, j'étais à l'orchestre près de monsieur Fanfan Benoît... estimable épicier.

— Le lendemain quand vous vîntes me voir, vous ne vouliez pas me dire positivement que j'avais été mauvaise, mais vous me faisiez entendre que j'avais encore besoin de beaucoup travailler; et moi, au lieu de sentir que vous aviez raison, d'approuver la justesse de vos avis, je pris de l'humeur ; mon amour-propre fut blessé, et je donnai la consigne de me dire absente toutes les fois que vous viendriez.

— Je m'en doutai à ma onzième visite.

— Pardonnez-moi, mon bon monsieur Alexandrin, les compliments m'avaient troublé la tête, je me croyais un grand talent, et je n'en avais pas du tout; je voulus jouer de nouveau, je fus encore sifflée : oh! alors j'étais désespérée!

Je ne sais pas jusqu'où le désespoir m'aurait menée... mais à cette époque un monsieur se présenta chez moi ; c'était un homme très riche, très comme il faut; il m'avait vue jouer et m'avait trouvée jolie ; si bien qu'il venait mettre à mes pieds son cœur et sa fortune, une voiture et des cachemires, et tout cela à condition que je quitterais le théâtre.

Ma foi! le moment était trop bien choisi pour que j'eusse la pensée de refuser ; je détestais le théâtre, mais j'aimais beaucoup les cachemires.

J'acceptai les propositions de ce monsieur, et depuis ce temps j'habite cet appartement : j'ai des domestiques, une voiture à mes ordres, et je ne puis former un désir qu'il ne soit aussitôt satisfait...

Alexandrin, qui a écouté la jeune femme en faisant une singulière figure, se contente alors de hocher la tête, en répondant :

— Mais depuis que vous êtes si heureuse, c'est étonnant comme vous êtes changée... vous n'avez plus cette fraîcheur, cet air de santé qui embellissait encore jolie figure quand vous demeuriez au sixième, rue de la Harpe; vous êtes bien pâle maintenant, votre visage est allongé, vos yeux fatigués... pardon, je vais encore vous fâcher peut-être, mais je vous dis ce qui me frappe.

— Oh! tout cela n'est rien, je vais maintenant souvent au bal, en soirée; je passe des nuits, et cela me fatigue j'en conviens ; mais qu'importe, c'est bien meilleur genre d'être pâle, on me trouve charmante ainsi.

— Et votre mari, M. de Saint-Eugène, que fait-il? reprend Alexandrin en appuyant sur ces mots, est-ce que vous ne me présenterez pas à lui?

Jenny se contente de sourire en répondant :

— Quand M. de Saint-Eugène est ici je ne reçois personne, mais il ne vient jamais avant quatre heures ; ainsi, mon cher monsieur Alexandrin, il faudra venir me voir les matins, vous déjeunerez avec moi... je vous ferai manger des choses les plus délicates, je me rappelle que vous êtes un peu gourmand !...

Le vieil Alexandrin se lève, prend son mauvais chapeau, qu'il avait posé à terre, et salue la jeune femme, en lui disant d'un air grave :

— Madame de Saint-Eugène, j'ai bien l'honneur de vous souhaiter le bonjour.

— Vous me quittez déjà, mon cher professeur? dit Jenny.

— Oui, madame de Saint-Eugène, j'ai des leçons d'écriture à donner. Ah! j'aurais dû toujours me borner à cela... et ne jamais donner que des leçons d'écriture.

— Mais au moins vous reviendrez me voir bientôt; ici je vous promets que vous me trouverez toujours, pourvu que vous veniez avant quatre heures.

— Cela suffit, madame de Saint-Eugène, je m'en souviendrai. Ne vous dérangez pas, je vous en prie, madame de Saint-Eugène.

Et le petit vieillard sort très-vivement du brillant appartement habité par la belle Jenny, en se disant :

— Oh! voilà qui ne me convient plus, cette jeune fille suit maintenant une route que je n'aime pas.

Elle a abandonné le théâtre pour lequel je lui croyais une vocation décidée; mais il paraît que sa vocation n'était décidée que pour les cachemires et les chapeaux à plumes.

Non, je ne retournerai plus chez elle; je n'irai plus la voir, quoiqu'elle m'offre d'excellents déjeuners; je suis gourmand, c'est possible, je ne m'en défends pas même; mais la gourmandise ne me fera jamais faire de bassesses, et je ne dois plus fréquenter mademoiselle Jenny, maintenant qu'elle s'est changée en madame de Saint-Eugène... et qu'elle a un mari qu'on ne peut pas voir, et qui ne vient chez elle qu'à quatre heures.

Le petit bonhomme avait traversé la cour, il allait sortir de la maison de Jenny, lorsqu'un garçon épicier, chargé d'une manne pleine de marchandises, entre dans la cour et se cogne contre lui.

— Épicier, on prend garde! dit M. Alexandrin en levant les yeux; mais au même moment il s'arrête et saisit le bras de l'industriel en s'écriant :

— Eh! je ne me trompe pas!... C'est monsieur Fanfan Benoît.

— Moi-même, répond le jeune épicier; tiens! je vous remets aussi... C'est vous qui êtes le professeur, l'auteur, l'écrivasseur.

— Ah! mon cher ami, j'ai un peu renoncé à tout cela; avec l'âge l'esprit se calme; mais où donc allez-vous ainsi, monsieur Fanfan?

— Porter des marchandises qu'on nous a fait demander.

— Vous portez cela dans cette maison ?

— Oui, monsieur.

— Chez qui, s'il vous plaît ?

— Chez.., attendez donc... on m'a donné le nom pourtant... ah! chez madame de Saint-Eugène... ça doit être une personne de qualité... elle a demandé tout ce qu'il y a de plus beau en sucre et en café.

— Vous allez chez madame de Saint-Eugène, dit M. Alexandrin en retenant toujours l'épicier... ah! mon cher ami, je dois vous faire une confidence... savez-vous ce que c'est que cette dame chez laquelle vous allez...

— Aucunement, mais comme on doit payer comptant... cela m'est assez indifférent.

— Cela vous sera moins indifférent lorsque vous saurez que cette dame qui loge au premier, dans un appartement magnifique, qui porte des cachemires, a une voiture à ses ordres, et achète maintenant des camélias, n'est autre que Jenny Desgrillon, ci-devant enlumineuse rue de la Harpe et que vous aviez l'intention d'épouser.

— Jenny! s'écrie Fanfan Benoît en ôtant sa manne de dessus sa tête pour la déposer sur une borne ; Jenny!... comment elle est devenue une grande dame, et elle a fait fortune en si peu de temps !

Ah! monsieur Alexandrin, je vois que vous aviez raison de dire qu'elle avait le feu sacré et qu'il valait bien mieux être actrice qu'épicière... je n'aurais jamais pu lui donner une voiture et des laquais, moi ; elle vous a de grandes obligations! mais pour gagner tant d'argent, il faut qu'elle soit à l'Opéra pour le moins.

— Non, elle n'est pas à l'Opéra! répond le petit vieillard, en poussant un gros soupir, et en regardant dans la manne, mais tous les sacs étaient parfaitement ficelés... elle n'est pas à l'Opéra... elle n'est pas même aux Funambules... elle a abandonné le théâtre...

— Elle a quitté le théâtre, et elle a fait fortune! C'est un homme bien riche qui l'a épousée?... au fait, elle est mariée, puisqu'elle se nomme maintenant madame de Saint-Eugène...

Qu'est-ce qu'il fait son mari..... c'est donc un pair de France ?

— Son mari!... hum! Je ne crois pas qu'elle ait un mari pair de France ni même marchand de peaux de lapin... je crois que... hum! mon cher ami, les femmes; voyez-vous, *Virgile* a dit :

Varium et mutabile semper femina!

et en y joignant l'opinion de *Catulle* et de *Caton*, on n'obtient pas un résultat très-favorable au beau sexe.

— Monsieur, dit Fanfan Benoît en replaçant la manne sur sa tête, je ne comprends pas le latin, mais je devine ce que vous voulez me faire entendre.

Ah! mam'zelle Jenny! c'est donc là où vous deviez en venir... c'est donc pour cela que vous ne vouliez pas être ma femme!

Enfin, si elle se trouve heureuse, tant mieux, je souhaite que sa fortune soit de longue durée ; mais ce n'est pas moi qui lui vendrai du sucre et du café; oh ! non! elle peut en envoyer chercher ailleurs! Adieu, monsieur.

En disant ces mots, le jeune épicier s'éloigne à grands pas, et le vieil Alexandrin le regarde aller en se disant :

— Il a du bon cet épicier ! oui, il a du bon ; à sa place j'en aurais fait autant, j'aurais remporté ma marchandise... seulement, puisqu'il ne portait pas son café chez madame de Saint-Eugène, il aurait pu m'en offrir quelques onces... c'est égal, monsieur Fanfan Benoît a du cœur : on ne doit pas sucrer une femme qui nous a dédaigné.

Et le vieux professeur s'en retourne chez lui en se promettant de ne plus revenir à la Chaussée-d'Antin, et de ne plus chercher des fleurs au marché de la Madeleine.

VI

Le temps s'écoula, car le temps ne s'arrête jamais ; il fuit devant le riche comme devant le pauvre ; le temps est le mouvement perpétuel.

Le petit vieillard cultivait toujours les Muses, dont la culture lui rapportait peu ; mais il n'avait personne avec qui il pût causer théâtre, raconter ses plans, ses sujets, et souvent il pensait à Jenny qui l'écoutait avec tant de complaisance lorsqu'elle demeurait au sixième étage.

— Je suis persuadé qu'elle m'écouterait encore avec plaisir maintenant, se disait Alexandrin, car je dois convenir qu'elle m'a fait beaucoup d'amitiés et que sa fortune ne l'avait pas changée à mon égard, mais je ne veux plus aller chez elle... je me le suis promis ; c'est une société qui ne me convient plus...

Tout en se disant cela, le vieux professeur pensait toujours à celle qui avait été son élève; à l'âge qu'avait Alexandrin on n'est pas inconstant dans ses affections, et un nouveau sentiment n'arrive pas subitement pour chasser un ancien ; le petit vieillard faisait tout son possible pour tenir ferme dans sa résolution de ne point retourner chez Jenny, mais cette résolution faiblissait de jour en jour ; et il trouvait même des raisons assez spécieuses à lui opposer.

Ainsi le vieillard se disait :

— Il faut pourtant convenir que je me conduis un peu durement avec cette jeune fille... elle m'a témoigné tant d'amitié la dernière fois qu'elle m'a revu ; au marché aux fleurs de la Madeleine elle m'a fait monter avec elle dans sa voiture... et puis elle est convenue de ses torts avec une grande franchise!...

C'est une chose rare, on ne rencontre pas souvent quelqu'un qui convienne de ses torts.

D'ailleurs n'ai-je rien à me reprocher?... si cette jeune fille a mal tourné, si elle a abandonné son état d'enlumineuse, n'est-ce pas moi qui le premier ai flatté son penchant pour le théâtre ! Ah!

oui, j'ai eu un grand tort alors..., et maintenant je l'oublierais... je ne m'inquiéterais plus d'elle... non, non.

Que je ne fasse pas ma société de madame de Saint-Eugène, c'est bien ; mais que je n'aille pas une seule fois m'informer de la santé de cette bonne Jenny... oh! ce serait mal... ce serait d'un mauvais cœur... et d'autant plus que lors de notre dernière rencontre elle était bien changée, bien maigrie ; décidément j'irai lui faire une visite, savoir comment elle se porte, cela ne peut pas me compromettre...

Et monsieur Alexandrin, après avoir de son mieux brossé son vieil habit et frotté son mauvais chapeau, se met en route un matin, pour se rendre dans la rue d'Antin... il y avait alors à peu près six mois d'écoulés depuis qu'il n'avait vu Jenny.

Le petit vieillard arrive dans la rue d'Antin, il ne sait pas le numéro de la maison de madame de Saint-Eugène, mais il est certain de la reconnaître ; il marche en examinant avec attention chaque porte cochère ; parvenu à l'endroit où il lui semble que doit-être la demeure qu'il cherche, il aperçoit devant une belle maison un corbillard arrêté devant une porte tendue en noir.

Monsieur Alexandrin passe devant ces lugubres tentures en ôtant respectueusement son chapeau ; il va toujours, cherchant la demeure de Jenny, mais il ne peut retrouver la maison, il faut qu'il l'ait dépassée sans la reconnaître ; il revient sur ses pas et revoit encore la triste voiture.

La vue de ce corbillard lui fait une impression pénible ; il passe vite, il cherche toujours la demeure de son élève et ne parvient pas à la trouver.

En revenant de nouveau sur ses pas, le vieux professeur se retrouve près de la maison tendue en noir ; il est persuadé que c'est de ce côté que doit être la demeure de Jenny. Une idée s'est présentée plusieurs fois à son esprit : cette maison qu'il ne peut parvenir à reconnaître ne serait-ce pas celle dont la porte est cachée par une funèbre tenture. Cette pensée lui fait mal, il la repousse, il ne veut pas que ce soit là, et cependant plus il regarde les maisons environnantes, plus il demeure convaincu que c'est à cette hauteur de la rue qu'il est venu une fois. Il se dirige donc vers ces lugubres tentures, en disant :

— Après tout, qu'y a-t-il d'étonnant à ce qu'il soit mort quelqu'un dans la maison où demeure mon ancienne élève?... A Paris il loge tant de monde sous le même toit, l'un meurt au second, l'autre se marie au premier et puis un enfant naît au troisième ; cela se voit fort souvent.

M. Alexandrin est entré sous la porte cochère, le corps de la personne décédée était encore exposé en cet endroit.

Le vieillard s'incline, puis passe le cœur serré ; la vue de cette bière lui fait mal, il cherche la demeure de la concierge, il la trouve enfin et d'une voix émue lui dit :

— Madame, je ne crois pas me tromper, n'est-ce pas dans cette maison que demeure une jeune dame... qu'on nomme madame de Saint-Eugène ?

La concierge regarde un moment le vieillard avant de lui répondre, et lui dit enfin en hésitant :

— Oui, monsieur, oui, cette dame demeurait dans cette maison.

— Est-ce qu'elle a quitté son logement, serait-elle déménagée? alors vous devez savoir sa nouvelle adresse ?

La concierge semble craindre de répondre, cependant après avoir encore considéré le petit vieillard elle lui dit :

— Monsieur serait-il parent de madame de Saint-Eugène,.. serait-il par hasard?...

— Je ne suis que son ami, mais je lui porte beaucoup d'intérêt. Pourquoi cette question, madame?...

— Ah! monsieur, c'est que je puis alors vous dire toute la vérité; la personne que vous demandez n'habite plus au premier, à présent, monsieur... elle est... elle est là !...

Et la main de la concierge indiquait au vieillard la bière exposée sous la porte.

— Serait-il possible ! s'écrie le pauvre professeur en portant son mouchoir sur ses yeux ; eh ! quoi, cette bonne Jenny, si jolie, si jeune encore !...

— Hélas ! monsieur, elle est morte hier...

Depuis quelque temps elle était souffrante ; un rhume négligé, mais elle ne voulait pas se soigner ; elle passait des nuits au bal, car elle n'aimait pas à garder la chambre ; elle voulait toujours sortir.

Cependant il y a environ un mois, elle a pris le lit... et elle ne s'est pas relevée !...

— Pauvre Jenny !... pauvre jeune fille !... murmure le vieillard en pleurant... ah ! j'en avais le pressentiment! la vue de cette voiture m'avait fait mal...

Mais du moins je pourrai lui rendre les derniers devoirs, et de tous ceux qui l'ont menée dans ces bals où elle a perdu la santé, il n'y en aura peut-être pas beaucoup qui viendront lui donner ce dernier témoignage d'intérêt.

La voiture emmenait la morte, monsieur Alexandrin la suit en regardant autour de lui, cherchant des yeux des compagnons de route, mais personne !...

Personne que lui ne suivait le corbillard de Jenny Desgrillon, et le vieillard seul pleurait cette jeune fille qui avait eu une foule d'adorateurs.

On arrive à l'église, un mariage se célébrait à une chapelle voisine de celle où l'on disait des prières pour Jenny ; c'était monsieur Fanfan Benoît, l'épicier, qui venait d'épouser une jeune fille à laquelle sa profession ne déplaisait pas.

Monsieur Alexandrin aperçoit les mariés qui, en sortant de la chapelle, vont passer près de lui ; le vieux professeur se met à genoux, en cachant sa figure dans son chapeau, de peur que Fanfan Benoît ne le reconnaisse et qu'il ne devine quelle est la personne dont on célèbre le service mortuaire ; le vieillard ne voulait pas que la nouvelle de la mort de Jenny parvint au jeune épicier le jour même de son mariage, car il pensait bien que cela aurait troublé son bonheur.

Monsieur Alexandrin suit Jenny jusqu'à sa dernière demeure.

Une place lui avait été achetée dans le cimetière ; une petite grille entourait la tombe, et il restait un peu de place pour planter quelques fleurs.

Le vieillard revint le lendemain apportant un modeste pot de violette qu'il déposa sur la tombe de la jeune fille en disant :

— Pauvre Jenny! c'est cette fleur qui fut cause de notre connaissance ! désormais lorsque j'en achèterai, ce sera pour venir les déposer ici !...

FIN DE JENNY.

EN VENTE A LA MÊME LIBRAIRIE :
ROMANS MODERNES, HISTOIRE, LITTÉRATURE ET VOYAGES ILLUSTRÉS.

20 centimes la livraison contenant la matière d'un volume in-8°. — Ouvrages complets en vente :

Picciola, par X.-B. Saintine. » 90	Les Sept Baisers de Buckingham, par E. Gonzalès et Moléri. » 70	Sathaniel, par Fr. Soulié. 1 10
Shakspare (Œuvres complètes), traduction nouvelle, par BENJAMIN LAROCHE.	Fauxcravate, par Paul de Kock. 1 50	Le Vicomte de Béziers, par Fr. Soulié. 1 10
1re série. 1 10	La Famille Gogo, par Paul de Kock. 1 50	L'Amoureux transi, par Paul de Kock. 1 10
2e série. 1 40	Un Malheur complet, par Fr. Soulié. » 50	Les Prisons de l'Europe, par Alboize et Maquet. 3 55
3e série. 1 10	Julie, par Fr. Soulié. 1 50	La Jolie Fille du Faubourg, par Paul de Kock. 1 10
4e série. 1 10	La Lionne, par Fr. Soulié. 1 10	Le Lion amoureux, par Fr. Soulié. » 50
5e série. 1 10	Diane de Chivry, par Fr. Soulié. » 50	Les deux Cadavres, par Fr. Soulié. 1 10
6e série. » 60	Le Conseiller d'É a, par Fr. Soulié. 1 10	Les Mémoires du Diable, par Fr. Soulié. 3 15
— Les six séries en un seul volume, broché. 5 55	Les Quatre Sœurs, par Fr. Soulié. 1 10	Les Crimes célèbres, par Alex. Dumas, les 5 parties en un seul volume. 3 95
Mi ères des Enfants trouvés, par E. Sue.	Le Docteur Rouge, par J. Laffie. » 90	
1re série. 1 10	Le Maguétiseur, par Fr. Soulié. 1 10	Les mêmes par séries brochées séparément comme suit
2e série. 1 10	Voyage autour du Monde (Souvenirs d'un Aveugle), par Jacques Arago. 2 95	La Marquise de Brinvilliers, la Comtesse de Saint-Geran, Karl Sand, Murat, les Cenci, par Alex. Dumas. » 90
3e série. 1 10	Ce Monsieur! par Paul de Kock. » 90	
4e série. 1 10	Une Tête mise à prix, par Dinocourt. » 90	
5e série. » 70	Eulalie Pontois, par Fr. Soulié. » 50	Marie Stuart, par Alex. Dumas. » 70
— L'ouvrage complet en un volume broché. 4 80	Le Comte de Toulouse, par Fr. Soulié. 1 10	Les Borgia, la Marquise de Ganges, par Alex. Dumas. » 90
La Famille Perlin, par Devred. » 70	Les Mystères de Paris, par E. Sue. 3 75	
Carotin, par Paul de Kock. 1 10	Le Juif errant, par E. Sue. 3 15	Les Massacres du Midi, Urbain Grandier, par Alex. Dumas. 1 10
Huit Jours au château, par Fr. Soulié. 1 10	L'Homme aux trois Culottes, par P. de Kock. » 90	
L'Amant de la Lune, par Paul de Kock. 3 15	Les Mémoires d'un Page de la Cour Impériale, par Emile Marco de Saint-Hilaire. » 90	Jeanne de Naples, Vaninka, par Alex. Dumas. 1 10
Au Jour le Jour, par Fr. Soulié. » 90		
Le Banuier, par Fr. Soulié. » 70	Rome souterraine, par Charles Didier. 1 10	
Marguerite, par Fr. Soulié. » 90		

MAGASIN THÉATRAL ILLUSTRÉ
CHAQUE PIÈCE COMPLÈTE : 20 CENTIMES.

Mercadet, 3 actes.	Les Deux Marguerite, 1 acte.	Une Indépendance en cœur, 1 acte.
La Marquise de Senneterre, 3 actes.	La Haine d'une Femme, 1 acte.	Une Idée de Jeune Fille, 1 acte.
Claudie, 3 actes.	Elvire ou le Collier d'or, 3 actes.	Un Moyen dangereux, 1 acte.
Jenny l'Ouvrière, 5 actes.	Les Diamants de Madame, 1 acte.	Les Noces de Merinchet, 3 actes.
Le Verre d'eau, 5 actes.	Les deux Précepteurs, 1 acte.	L'Héritière, 1 acte.
Le Riche et le Pauvre, 5 actes.	Le Consulat et l'Empire, 4 actes.	Les Rues de Paris, 5 actes.
Jean le Cocher, 5 actes.	Maurice, comédie en 5 actes.	La Fille du Feu, 3 actes.
La Pensionnaire mariée, 1 acte, et Les Rubans d'Yvonne, 1 acte.	La Corde sensible, vaudeville.	Le Paradis perdu, 1 acte.
	Le Vieux Garçon et la Petite Fille, vaudeville.	L'Ondine et le Pêcheur, 1 acte.
La Faridondaine, 5 actes.	L'Ouvrier, drame en 5 actes.	Un conte de Fées, 2 actes.
Simple Histoire, 1 acte, et Un bal du grand monde, 1 acte.	Diane de Chivry, drame en 5 actes.	Les Amours maudits, 5 actes.
	Jacques le Corsaire, 5 actes.	Le Vieux Bodin, 1 acte.
La Fille de Mme Grégoire, 2 actes.	La Vénitienne, drame en 5 actes.	Une Partie de Cache-cache, 2 actes.
La Chanoinesse, 1 acte.	Les Fils Gavet, 1 acte.	L'Enfant de la Halle, 1 acte.
Masséna, 5 actes.	Alibaba, 5 actes.	La Bataille de l'Alma, 3 actes.
Le Diplomate, 1 acte.	La Pêche aux corsets, 1 acte.	Grégoire, 1 acte.
Le Mari de la Dame de chœurs, 2 actes.	Le Prince Eugène, 5 actes.	Un vieux Loup de Mer, 1 acte.
La Camaraderie, 5 actes.	Mauvais Gas, 5 actes.	La Bourgeoise ou les cinq Auberges, 5 actes.
Frère Tranquille, 5 actes.	La Poudre de Perlinpimpin, 3 a. et 20 tableaux.	Les Conquêtes d'Afrique, pièce militaire, 4 actes.
Les Pilules du Diable, 6 actes.	L'Ambassadeur, 1 acte.	Voilà ce qui vient de paraître, 5 actes.
Les Enfants de troupe, 2 actes.	La Belle-Mère, 1 acte.	Le Manoir de Montlouviers, 5 actes.
La Dame aux Camélias, 5 actes.	Avant, Pendant et Après, 3 actes.	Mauprat, 5 actes.
Le Château de Tilleuls, drame en 5 actes.	Le Coiffeur et le Perruquier, 1 acte.	La Duchesse de la Vaubalière, 5 actes.
Bertrand et Raton, 5 actes.	Malvina, 2 actes.	Le Cordonnier de Crécy.
Richard III, drame en 5 actes.	Les Malheurs d'un Amant heureux, 1 acte.	Le Comte Herman. (A. Dumas.)
Une Nichée d'Arlequins, 1 acte.	Valérie, comédie en 5 actes.	André le Mineur.
Les Femmes du Monde, com.-vaud. en 5 actes.	Une Passion secrète, 5 actes.	Le Monde camelote.
Adrienne Lecouvreur, 5 actes.	La Demoiselle à marier, 1 acte.	Les Vignerons d'Argenteuil.
Le Bourreau des Crânes, 3 actes.	Paillasse, 5 actes.	Les Carrières de Montmartre.
Les Tables tournantes, 1 acte.	Le Bal du Sauvage, 3 actes.	Malvina.
Les Œuvres du Démon, drame en 5 actes.	Gusman ne connaît pas d'obstacles, 4 actes.	

NOUVELLE GALERIE DES ARTISTES DRAMATIQUES VIVANTS

Cette nouvelle galerie contiendra successivement les portraits en pied des principaux artistes dramatiques de Paris peints et gravés sur acier,

Par Ch. GEOFFROY.

Chaque portrait est accompagné d'une Notice biographique et d'une Appréciation littéraire contenant des détails particuliers sur la vie de chaque artiste, par Alex. Dumas, Alb. Cler, Arnould, Bouchardy, Couailhac, E. Arago, E. Lemoyne, Florentino, Fournier, Frédérik-Lemaître fils, Guinot, H. Lucas, Henri Monnier, H. Rolle, J. Janin, Lefranc, Marie Aycard, Paul de Kock, Plouvier, Salvador-Tuffet, Théophile Gautier, Mme Anaïs Ségalas, Savinien Lapointe, Jules de Prémaray.

IL PARAÎT UNE LIVRAISON CHAQUE SEMAINE. — PRIX DE CHAQUE LIVRAISON : 50 CENTIMES.

Sont en vente :

Acteurs.	Auteurs des Notices.	Acteurs.	Auteurs des Notices.	Acteurs.	Auteurs des Notices.
1. GEOFFROY	Lefranc.	19. Mme LAURENT	F. Dugué.	37. SERRES	Paul de Kock.
2. ALINE	Lefranc.	20. LESUEUR	N. Fournier.	38. BRESSANT	H. Monnier.
3. RAVEL	H. Rolle.	21. CLARISSE MIROY	Mme A. Ségalas.	39. ROGER	Couailhac.
4. GRASSOT	Lefranc.	22. LEVASSOR	Savin. Lapointe.	40. LEPEINTRE AÎNÉ	Salvador.
5. BOUTIN	Ed. Plouvier.	23. TISSERANT	J. de Prémaray.	41. SAMSON	Max. de Revel.
6. CHILLY	Arnould.	24. FRANCISQUE	Paul de Kock.	42. SAINT-ERNEST	Aug. Luchet.
7. HYACINTHE DUFLOST	Coupart.	25. LEBEL	Salvador.	43. Mme PERSON	Georges Bell.
8. SAINVILLE	Couailhac.	26. LUCIE MABIRE	Philoxène Boyer.	44. RÉGNIER	Philoxène Boyer.
9. Mme GUYON	H. Rolle.	27. FECHTER	Salvador.	45. BOUFFÉ	Salvador.
10. MOCKER	Albert Cler.	28. Mlle FERNAND	Salvador.	46. LAFERRIÈRE	G. Bell.
11. Mlle THUILLIER	Théodore Anne.	29. FRÉDÉRICK LEMAITRE	Ed. Plouvier.	47. MARIE CABEL	Max de Revel.
12. LIGIER	H. Rolle.	30. BOCCAGE	Savinien Lapointe.	48. KIME	Edouard Vierne.
13. H. MONNIER	H. Monnier.	31. FERVILLE	Merle.	49. LAFONTAINE	Philoxène Boyer.
14. LYONNET	Ch. Desnoyers.	32. PROVOST	Max de Revel.	50. ROSE CHÉRI	Jules Adenis.
15. E.-A. COLBRUN	Extr. du Mousquetaire.	33. BEAUVALET	Arnould.	51. RACHEL	Jules Janin.
16. Mlle LUTHER	Salvador.	34. Mlle BOIS GONTHIER	Savinien Lapointe.	52. Mme UGALDE	G. Bell.
17. Mme ARNAULT	Fr.-Lemaître fils.	35. MÉLINGUE	Ed. Plouvier.		
18. ARNAL	Briffault.	36. Mlle DÉJAZET	E. Guinot.		

Paris. — Imprimerie WALDER, rue Bonaparte, 44.

www.ingramcontent.com/pod-product-compliance
Lightning Source LLC
Chambersburg PA
CBHW060550050426
42451CB00011B/1841